O Pequeno Príncipe
comentado com a Bíblia

Antoine de Saint-Exupéry

O Pequeno Príncipe
comentado com a Bíblia

Com ilustrações do autor

Editado por Enzo Romeo

Tradução de Carlos Nougué

Tradução de introdução, posfácio e comentários de Diogo Chiuso

petra

Título original: *Il Piccolo Principe commentato con la Bibbia*

Copyright © 2022 by Enzo Romeo

Direitos de edição da obra em língua portuguesa no Brasil adquiridos pela PETRA EDITORIAL LTDA. Todos os direitos reservados. Nenhuma parte desta obra pode ser apropriada e estocada em sistema de banco de dados ou processo similar, em qualquer forma ou meio, seja eletrônico, de fotocópia, gravação etc., sem a permissão do detentor do copirraite.

PETRA EDITORA
Rua Candelária, 60 — 7.º andar — Centro — 20091-020
Rio de Janeiro — RJ — Brasil
Tel.: (21) 3882-8200

Dados Internacionais de Catalogação na Publicação (CIP)

Saint-Exupéry, Antoine de / O Pequeno Príncipe comentado com a Bíblia; tradução de Carlos Nougué e Diogo Chiuso — 1ª ed. — Rio de Janeiro: Petra, 2022.
192 p.

Título original: Il Piccolo Principe commentato con la Bibbia
ISBN: 978-65-88444-62-7

1. Literatura francesa. 2. Cristianismo. I. Chiuso, Diogo. II. Título

CDD: 233
CDU: 2-184

André Queiroz – CRB-4/2242

Sumário

Introdução, por Enzo Romeo — 7
    Por que este livro — 9
    O pequeno príncipe Antoine — 11
    O sorriso perdido — 12
    A infância — 13
    O deserto — 14
    A rosa — 18
    A separação — 20
Nota do tradutor da edição italiana — 23

O Pequeno Príncipe comentado com a Bíblia — 25

Posfácio: O "Novíssimo Testamento" de Saint-Exupéry, por Enzo Romeo — 173
    Símbolos religiosos — 176
    A inspiração para o transcendente — 178
    O chamado das estrelas — 180
    O efêmero e o eterno — 182
    A morte e as respostas de Deus — 184
    Traições e fidelidade — 186
    Uma jangada na qual agarrar — 188
Sobre o autor — 190

Introdução
por Enzo Romeo

*Os verdadeiros milagres não fazem barulho!
Os acontecimentos essenciais são simples!*

A. de Saint-Exupéry, *Carta a um refém*

Nota:
Os textos das páginas 11-22 e 175-189 foram retirados e adaptados de:
Enzo Romeo. *L'invisibile bellezza*. Milão: Àncora, 2012.

POR QUE ESTE LIVRO

"Acabei de ler um pouco da Bíblia: que maravilhosa, que poderosa simplicidade de estilo e quanta poesia. Os mandamentos são obras-primas de legislação e bom senso. Por toda a parte as leis da moral emergem na sua utilidade e beleza: uma coisa esplêndida. Já leu os Provérbios de Salomão? E como o Cântico dos Cânticos é bonito! Há de tudo neste livro..." Antoine de Saint-Exupéry era um rapaz de 17 anos, ainda no liceu, quando escreveu essas linhas à sua mãe.

Já piloto, quando anunciava o seu retorno para casa, costumava dizer: "Abatei um novilho gordo." E referindo-se aos riscos dos seus casos amorosos, citava o episódio de Sansão e Dalila. De Dakar, pediu à sua amiga Yvonne de Lestrange que lhe enviasse estudos críticos sobre a Bíblia e os Evangelhos, ou, em geral, sobre o catolicismo. Queria receber "algo inteligente" para aprofundar a crítica histórica aplicada ao dogma, do qual confessava a sua ignorância, mas que considerava muito interessante. Tendo-se tornado um escritor de sucesso, continuou frequentemente a consultar as páginas da Sagrada Escritura, que mais do que tudo inspirou e moldou a civilização ocidental. No *Correio do Sul*, o protagonista Jacques Bernis, que voa de escala em escala e de uma cidade para outra sem conseguir recuperar o fôlego, compara-se "a aquele peregrino que chega um minuto atrasado em Jerusalém". O piloto que decola com toda a potência dos motores do seu hidroavião "tira o aeroplano da água e coloca-o no ar", e reflete o símbolo de uma nova criação, quase imitando o gesto primordial de Deus no Gênesis. Com a Segunda Guerra Mundial aproximando-se, ele escreveu:

> "Estamos, sem saber, em busca de um evangelho que ultrapasse os nossos evangelhos provisórios. Eles fazem escorrer muito sangue dos homens. Estamos marchando para um Sinai tempestuoso."[1]

---

[1] *La paix ou la guerre?* In: *Œuvres complètes*. Paris: Gallimard, 1994,. v. I, p. 351.

Nas suas notas, encontramos fragmentos em latim do Salmo 103 (102), o do "Deus é amor" de Davi: "Bendize, ó minha alma, o Senhor, [...] e jamais te esqueças de todos os seus benefícios. [...] E renova a tua juventude como a da águia." Talvez Saint-Exupéry via na águia a transposição do avião, o que lhe permitia permanecer de alguma forma jovem. O fascínio pelo céu está também ligado à sua paixão pelos anjos, criaturas semelhantes às humanas, mas que são capazes de voar pelo ar. Fala sobre eles, menciona-os nos seus escritos, desenha-os e imagina uma conversa constante com o seu anjo da guarda.

Tal como nos livros da Bíblia, os livros de Saint-Exupéry têm um antes e um depois. Em *Cidadela*, uma narrativa elegíaca nunca concluída — e publicada postumamente —, Deus é onipresente, mas é uma entidade fixa, relacionada ao Antigo Testamento ou, ainda, velada em simbolismo, onde o doce e inesgotável dinamismo do Sermão da Montanha permanece no fundo. *O Pequeno Príncipe*, na literatura do piloto e escritor francês, já representa a fase do Deus revelado, em que tudo se torna finalmente claro — até mesmo o "invisível essencial" — porque é iluminado pelo Amor. Saint-Exupéry tinha escrito, imaginando o destino final:

> "Senhor, quando um dia colocares a tua Criação de volta no celeiro, abrais-nos as portas e deixei-nos entrar lá onde não precisaremos mais ser atendidos, pois não haverá mais resposta a dar, mas apenas beatitude, realização de cada pedido e rosto satisfeito."[2]

Todos nós, como Saint-Exupéry, às vezes nos perguntamos sobre onde, como, quando e o porquê de nossa existência. Sentimo-nos como passageiros clandestinos a caminho do infinito, deslumbrados por evidências que nunca podemos assegurar. E sonhamos em um dia conhecer um pequeno príncipe que nos aponte as estrelas e abra os nossos corações.

---

[2] *Cittadella*. Roma: Borla, 1999, cap. XXXIX, p. 127.

O PEQUENO PRÍNCIPE ANTOINE

Saint-Exupéry não se dava muito bem com o inglês, mas foi nessa língua que saiu a primeira edição de *O Pequeno Príncipe*, publicada em Nova Iorque pela Reynal e Hitchcock, em 6 de abril de 1943, poucos dias antes da partida do escritor para o *front* norte-africano. Uma fábula escrita no exílio americano, condição que se reflete na sensação de perplexidade do homenzinho protagonista. Graças a ele, o piloto encalhado no deserto reflete sobre o sentido da vida e sobre o significado do amor e da amizade. Aliás, o autor dedica o livro ao seu melhor amigo, o judeu comunista Léon Werth.

O primeiro rascunho da fábula data de cerca de dois anos antes. Quem nos conta isso é a atriz francesa Annabella, nascida Suzanne Charpentier, que foi a esposa de Tyrone Power e também interpretou *Anne-Marie*, filme roteirizado por Saint-Exupéry. Em junho de 1941, Annabella foi várias vezes visitar o escritor na clínica de Los Angeles, onde ele estava hospitalizado e faria uma cirurgia necessária para resolver uma infecção por causa das sequelas do acidente de avião sofrido na Guatemala três anos antes, durante o voo transamericano de Nova Iorque ao Cabo Horn. Na mesa de cabeceira estava o livro de contos de Andersen que deu início a uma conversa sobre fábulas e poemas. Para Antoine era um alívio conversar em francês. Vivendo nos Estados Unidos, ele ainda não havia conseguido se acostumar nem com o uso da escala Fahrenheit, e quando dizia estar com febre de quarenta graus, ninguém se assustava. Houve muitos encontros com Annabella naquele verão, tanto durante sua recuperação, no apartamento onde ficou hospedado após sua alta do hospital, como nos meses seguintes, quando telefonou para a atriz diversas vezes para ler os capítulos da história que estava nascendo.

A escrita, à qual se dedicou completamente durante a sua estada na América, foi para ele um refúgio. Contava a trama que estava elaborando para Silvia Hamilton, sua amante e confidente. Foi na casa dela, em Nova Iorque, que escreveu parte de *O Pequeno Príncipe*: "Uma vez que ele estava constantemente fazendo esboços maravilhosos, sugeri que ele mesmo ilustrasse o livro. Então, começou a fazer pequenos desenhos. Para o tigre, usou o meu pequeno boxer como modelo [...] Não acho que quisesse fazer um livro filosófico, porque o considerava simplesmente uma bela fábula."[3]

Entretanto, a elaboração foi concluída em Northport, na casa sobre a colina de Long Island, onde a sua esposa Consuelo se juntou a ele. No inverno de 1942-1943, uma professora, Adele Breaux, deu-lhe aulas de inglês com pouco sucesso. Para suas necessidades diárias nos EUA, Antoine só conseguia se comunicar por gestos ou pedindo a amigos ou mesmo a Consuelo para servir-lhe de intérprete. Com sua professora, preferia conversar em francês sobre o seu trabalho como contador de histórias. "Tive dificuldade para convencer meus editores de que a história tinha de acabar com a morte do pequeno príncipe", disse para Adele. "Disseram-me que uma história para criança nunca deve acabar mal. Mas provei que estavam errados. As crianças aceitam tudo o que é natural. E a morte é natural. Admitem-no sem qualquer reação negativa. São os adultos que ensinam as crianças a falsificarem sua noção do natural. Nenhuma criança ficará aborrecida com a partida do pequeno príncipe."[4]

Nos Estados Unidos, reencontrou Orson Welles e com ele discutiu uma adaptação cinematográfica de *O Pequeno Príncipe*. Welles esboçou um roteiro que envolvia tanto o uso de atores quanto de desenhos animados e propôs a ideia a Walt Disney, que, no entanto, recusou. "Não há espaço suficiente para dois gênios neste estúdio", disse o pai do Mickey Mouse a um de seus colaboradores, depois do encontro com Welles.

Poucos dias após a publicação de *O Pequeno Príncipe*, Saint-Exupéry embarcou para Argel, onde desembarcou em 4 de maio de 1943.

O sorriso perdido

O pequeno príncipe nunca sorri. No entanto, Saint-Exupéry sabia que o sorriso, embora imaterial, é um bem essencial para o homem. Os cuidados dispensados aos doentes, o acolhimento oferecido aos marginalizados e o próprio perdão só valem a pena graças ao sorriso que ilumina

---

[3] *In*: *Icare*, revista francesa de aviação, n.º 84, 1978, p. 113-114.

[4] *Ibidem*, p. 100.

os corações. Estamos unidos por um sorriso, acima das línguas, das castas e dos partidos. Como os fiéis de uma mesma igreja. Neste pressuposto, há algo do hino de São Paulo à caridade. Sem amor, nada tem valor, seríamos como sinos vazios e címbalos desafinados (cf. 1Cor 13,1). Enviado à guerra na Espanha, Saint-Exupéry foi capturado pelos anarquistas e correu o risco de ser fuzilado. Foi levado a uma espécie de tribunal, num clima de grande tensão. Mas quando fez um gesto para um dos guardas pedindo um cigarro, um sorriso surgiu em seus lábios. O guerrilheiro também sorriu e foi "como o nascer do dia"; tudo se transformou, sem nenhuma mudança aparente: foi uma mudança substancial. Aquele sorriso rendeu a liberdade e devolveu a luz como o aparecimento do sol pela manhã.

Se o pequeno príncipe não sorri, é porque seu "pai" é um refugiado em meio a um terrível conflito mundial, com toda a humanidade envolta numa dolorosa angústia. O principezinho enfrenta a morte, chega quase a procurá-la, assim como seu autor. Você tem que morrer para permanecer fiel ao amor ao qual é responsável. O amor ao planeta que ele deixou e à rosa que ficou sozinha, no caso do protagonista da história; o amor à pátria atacada pelo inimigo e à sua esposa distante, no caso de Saint-Exupéry. O pequenino é mordido pela serpente e cai duro como uma árvore na areia, sem fazer barulho. Saint-Exupéry é atingido por um caça alemão e cai nas águas do Mediterrâneo em frente à Côte d'Azur em Provence, onde deixou as mais doces lembranças.

Além disso, naquela época o escritor vivia uma das piores crises com Consuelo, que era também a musa inspiradora de sua fábula. Os desentendimentos com a esposa aumentaram seu estado melancólico. Em uma última briga, ele a repreendeu por esbanjar dinheiro em compras caras e extravagantes enquanto estava prestes a partir para o *front* norte-africano com um uniforme barato, um par de sapatos usados e meias furadas. A decepção foi tão forte que ele afirmou não querer nada mais, apenas encontrar a paz, aquela paz — sugeriu — que só a morte poderia dar.

A infância

Só uma criança poderia ver o que não é visível. É por isso que as páginas de *O Pequeno Príncipe* são atravessadas por uma profunda nostalgia da infância, um tempo de graça ao qual Saint-Exupéry gostaria de regressar. Escreve em *Piloto de guerra*:

> "A infância, esse grande território de onde todos saíram. De onde sou? Sou da minha infância como de um país."[5]

Tonio — assim Antoine era chamado na família — era um belo rapaz com grandes olhos escuros, cachos dourados e um porte aristocrático; um verdadeiro pequeno príncipe — ou melhor, um "Rei Sol", de acordo com o apelido que ganhou pelo seu porte e pela sua aparência. Tinha uma personalidade forte, atraía companhia e colocava-se no centro da mesma. A impetuosidade do seu caráter, que por vezes beirava a arrogância, era suavizada por uma gentileza natural. Quando caminhava pelas vielas rurais, tinha o cuidado de não pisar nas lagartas, conduzia uma tartaruga numa coleira e subia em pinheiros para tentar domesticar as rolinhas. Já crescido, no deserto, dará de comer às gazelas e outros animais, incluindo um feneco, a raposa do deserto com orelhas grandes, que o escritor tentou domesticar e que transferirá para *O Pequeno Príncipe*:

> "[...] se me domares, precisaremos um do outro, e serás único para mim no mundo, e eu serei única no mundo para ti."

Semelhante a tantos homens de seu tempo, o escritor teve uma infância e uma adolescência muito católicas. Depois, já adulto, distanciou-se dos dogmas da fé, para depois voltar a invocar — diante da tragédia da guerra mundial — uma sociedade capaz de oferecer um alento espiritual.

O deserto

É preciso ter conhecido física e espiritualmente o deserto para falar dele e propor o eco de seu apelo exigente. Aqui, os homens geralmente não percebem a passagem do tempo e vivem em uma tranquilidade temporária. O deserto é exigente e se oferece a quem dá o primeiro passo em direção a ele. "No começo ele parece ter apenas solidão e silêncio, mas é

---

[5] *Pilote de guerre*. Paris: Gallimard, 1990. cap. XIV, p. 90.

porque não se entrega aos amantes de um dia", **6** afirma Saint-Exupéry em *Terra dos homens*. E o compara à clausura do monge:

> "[...] um homem que se encerrou em seu claustro e vive segundo as regras para nós desconhecidas, como se habitasse nas solidões do Tibete, longe, tão longe que nenhum avião nos levaria até lá, nunca. Nada nos adiantaria visitar a sua cela. Ela está vazia. O império do homem é interior. [...]
> O Saara se revela, mas em nós mesmos. Abordá-lo não é visitar um oásis. É fazer, de uma fonte, nossa religião." **7**

O deserto torna-se então um trampolim, uma escada para a perfeição, permitindo-lhe apreciar a fragrância discreta e tenaz do divino. O deserto conduz naturalmente o homem à poesia, à elevação ao desconhecido ou ao incognoscível. A solidão, interrompida por curtos períodos de camaradagem, é a condição para atingir um estado de graça. Ao longo dos anos, Saint-Exupéry recordará com nostalgia a pureza do retiro do Saara, que colocará em confronto com a decadência da civilização europeia, na qual os valores morais estão sendo rapidamente perdidos. Enquanto esteve imerso no resplandecente mundanismo parisiense, deu-se conta, pensando no isolamento da pista de pouso africana, que a rotina mais deprimente pode levar às alturas do sublime.

> "O deserto sempre me dá o efeito de uma imensa porta aberta, uma sensação que não experimento em nenhum outro lugar. Se você visse as estrelas daqui, tão nuas, tão redondas. E esta areia prateada."**8**

Assim ele escreveu de Cisneros, de uma estação postal remota no meio do deserto costeiro, entre Marrocos e Mauritânia, numa carta enviada em março de 1927 a Charles Sallès, seu velho amigo dos tempos do colégio de Friburgo. E no ano seguinte, a Louise de Vilmorin, sua antiga paixão,

---

6 *Terra dos homens*. Rio de Janeiro: Nova Fronteira, 2015, cap. VI.

7 *Ibidem*.

8 Carta a Charles Sallès (Villa Cisneros, 1927). *In*: *Œuvres completes, op. cit.* v. I, p. 854-856.

ele fala sobre a aventura mágica em um lugar feito de areia, miragens e um espantoso silêncio. "O Saara me ensina antes de tudo uma perspectiva",[9] escreve para sua ex-namorada. Pouco antes de deixar definitivamente Cap Juby, em outra carta a Sallès, ele previu a tristeza que a perda dos dias de aventura e austeridade desfrutados no Éden do deserto lhe causaria: "Nunca mais conhecerei a doce vida... Provei o fruto proibido."[10]

Como os lugares de sua infância, o Saara é um refúgio de fantasia e sonho. Mas Saint-Exupéry sabe que em breve será expulso do paraíso, exatamente como fora retirado do paraíso de Saint-Maurice, lugar mágico de sua infância. E pelo resto da vida ele tentará encontrar uma terra rica em valores eternos. Sallès testemunhará: "Se a sua personalidade era tão excepcional, foi porque nunca houve uma ruptura entre a infância, da qual ele conservou todo o frescor e o sentido do maravilhoso, e a maturidade da idade adulta."[11] A grandeza do escritor depende justamente da capacidade de se maravilhar diante de um céu estrelado ou de uma extensão de areia.

Um testemunho do período de Cap Juby é oferecido pelo piloto Henri Delaunay. Saint-Exupéry passava muito tempo lendo. Ele fazia com que seus colegas de passagem lhe trouxessem todos os tipos de livros, manuais técnicos e tratados filosóficos. E improvisava cursos para convidados sobre os mais diversos temas, da geometria à metafísica. Mas na pequena cabana de madeira também ressoavam risadas. O escritor às vezes é melindroso; às vezes irresistivelmente autodepreciativo. Graças a ele, o ambiente é quase como o de férias, feito de piadas, confusão, calor humano e amizade.

O que Saint-Exupéry buscava no deserto era a chave que abre o cofre do espírito. Uma parábola que de alguma forma se refere a Charles de Foucauld.[12] Ambos são atraídos por esse espaço que nos permite voltar às

---

[9] Carta a Louise de Vilmorin (Cap Juby, 1928). *In*: Paul Webster. *Saint-Exupéry, vie et mort du petit prince*. Paris: Édition du Félin, 2000, p. 106.

[10] Carta a Charles Sallès (Cap Juby, 1928). *In*: *Œuvres complètes, op. cit.* v. I, p. 857-858.

[11] *In*: *Icare*, revista francesa de aviação, n. 69, 1974, p. 83.

[12] Charles de Foucauld nasceu em Strasburg, na França, em 15 de setembro de 1858. Era descendente de família nobre, de tradição militar. Em 1883, deixou o exército e foi para a África evangelizar a terra dos muçulmanos. Viveu no meio de constantes

fontes da humanidade. O deserto, em sua terrível secura, é fonte de vitalidade interior para os dois homens. Charles de Jesus, nas areias do Hoggar argelino, sentia a presença do Filho de Deus, reconhecia-o nos irmãos beduínos. Saint-Exupéry, por sua vez, buscava o amor de Deus, e em nenhum outro lugar chegava tão perto dele; quase sentia sua alma sendo acariciada. "Nunca estamos sozinhos no deserto", dizia Charles de Foucauld de sua remota cabana que lhe servia de eremitério. E, de fato, é justamente no deserto que o piloto-escritor encontrou o principezinho. Quem o atravessa é um peregrino do absoluto, que prefere o espetáculo do céu estrelado ao das luzes das cidades. De alguma forma, o deserto está nele antes mesmo de estar sob seus pés. Em *Wind, Sand and Stars*, a versão americana da *Terra dos homens*, Saint-Exupéry admite que se rendeu ao encanto do deserto logo de cara, impressionado com a nobreza do homem que vive um drama secreto no Saara aparentemente vazio.

> "Uma vez que o deserto não oferece nenhuma riqueza tangível, uma vez que não há nada para ver ou sentir nele, e uma vez que a vida interior é fortalecida em vez de adormecer, somos obrigados a reconhecer que o homem é animado, antes de tudo, por estímulos invisíveis.
> O homem é governado pelo Espírito. Valho, no deserto, o que valem as minhas divindades."[13]

Claro, quem quer enfrentar tal aventura deve se livrar do supérfluo e passar por desafios difíceis: solidão, infecundidade, incerteza. O risco é o de abstrair-se, perpetuar o isolamento ao infinito, transformar-se em eremita, estar desconfortável na companhia de outros homens. Uma provação que pode levar à morte. Será assim para Charles, morto em Tamanrasset em 1916 por um tuaregue; será assim para o pequeno príncipe, mordido pela serpente; e, finalmente, será assim para Saint-Exupéry, que dos céus da França acabou precipitado no deserto. Mas é um risco que vale a pena

---

guerras entre as tribos tuaregues. No dia 1 de dezembro de 1916, sofreu uma tentativa de sequestro e acabou brutalmente assassinado. Por conta de seu estilo de vida de total entrega à evangelização, a Santa Sé o considerou beato em 2005.

[13] Carta a um refém. *In*: *Œuvres complètes, op. cit.* vol. II, p. 94.

correr. É possível encontrar vestígios do essencial na desolação do deserto desabitado e perceber aquela beleza invisível pela qual o coração do homem sente permanentemente a nostalgia.

Há um provérbio tuaregue que diz: "Deus criou uma terra cheia de água para que as pessoas pudessem viver, e uma terra sem água para que as pessoas tivessem sede; e criou o deserto: uma terra com e sem água, para que as pessoas pudessem encontrar as suas almas." É preciso estar constantemente em busca das próprias fontes vitais, com um olhar que vai além do aparente e do banal.

A rosa

Em 1940, quando eclodiu a guerra, Consuelo morava em La Feuilleraie, uma grande residência rural na vila de Jarcy, cercada por um belo parque à la Monet, cheio de lilases e rosas, enquanto Antoine ficava numa pensão de estudante em Paris. O casal Saint-Exupéry vivia separado, mas eles decidiram não se divorciar. Meses antes, a mãe havia implorado a Consuelo que voltasse para El Salvador, seu país de origem, mas Antoine, por sua vez, implorou para que ela não partisse, custasse o que custasse. Sem Consuelo, Tonio — que também vivia o celibato naquele período — disse que se sentia perdido e que morreria em sua primeira missão.

Todos os dias Consuelo viajava quase cinquenta quilômetros até a capital, onde trabalhava nos programas em espanhol da Rádio França. Ao longo do caminho, havia cultivadores de rosas, de quem ela se tornou amiga. Numa noite de inverno, ela viu que estavam desesperados, porque a geada estava prestes a destruir toda a plantação de rosas. Então, ela pegou todo o enxoval de casamento e seus lençóis com nobres brasões bordados para cobrir as rosas. Seguindo seu exemplo, outros trouxeram algo para construir estufas rústicas e a colheita de rosas foi salva. Saint-Exupéry descobriu essa história por acaso, através de um colega de sua esposa. "Madame gosta muito de rosas", disse-lhe o homem, "e quer protegê-las a qualquer preço. Na verdade, a própria madame é uma rosa".[14]

---

[14] Consuelo de Saint-Exupéry. *Mémoires de la rose*. Paris: Plon, 2000, p. 209.

A miséria a ser enfrentada, a desorientação a ser superada, a infelicidade a ser preenchida, a dor a ser consolada: Saint-Exupéry sempre teve muitos bons motivos para se aproximar de novos amores. Mesmo nos últimos meses de sua existência, quando persistiu em realizar missões de guerra e se aproximava da morte. Em maio de 1943, na Argélia, conheceu uma jovem enfermeira da Cruz Vermelha Francesa, apaixonou-se por ela e a visitou durante todo o último ano de sua vida. Ela aceitou o cortejo até certo ponto, depois se distanciou. Para Saint-Exupéry, foi uma dura lição: "Descobri com melancolia que meu egoísmo não é tão grande, pois dei aos outros o poder de me fazer sofrer."[15] A desilusão é um fruto amargo: "Os contos de fadas são assim. Uma manhã você acorda e diz: 'era só uma fábula...'. Sorri para si mesmo. Mas no fundo você não sorri. Você sabe bem que os contos de fadas são a única verdade na vida."[16] Habituado a brincar com os sentimentos, teme agora que esse amor não correspondido o introduza no terrível mal do ceticismo. "Um pequeno príncipe cético já não é um pequeno príncipe", escreve. E acrescenta: "Fui imprudente, não pensei que se continuasse assim, corria o risco de me magoar. Em vez disso, a roseira furou-me enquanto eu colhia uma rosa."[17] A desilusão foi tão grande que ele se comparou a um capitão de mar que conduz a sua embarcação para as águas proibidas e a um pastor que come as suas ovelhas em vez de acudi-las.

A história com Silvia, a amante americana, também é invasiva. "Nós nos encontramos todos os dias, pelo menos por um momento", diz ela, "até a manhã em que ele veio se despedir e partiu para a Argélia".[18] Nesse último encontro, ela lhe deu uma pulseira de ouro gravada com seu nome e o grupo sanguíneo. "Eu queria que ele voltasse logo, são e salvo",[19] ela dirá alguns anos depois. Naquele momento, Antoine disse-lhe: "Também gostaria de te

---

[15] *Lettere a una sconosciuta*. Milano: Bompiani, 2009, p. 19.

[16] *Ibidem*.

[17] *Ibidem*, p. 21.

[18] *In*: *Icare*, revista francesa de aviação, n. 84, 1978, p. 113-114.

[19] *Ibidem*.

dar algo esplêndido, mas isso é tudo o que posso te dar."[20] E entregou-lhe uma câmera fotográfica antiga junto com o manuscrito de *O Pequeno Príncipe*, hoje conservado na Biblioteca Morgan, em Nova Iorque.

Entretanto, Saint-Exupéry, infiel até o último momento, se dirigia a Consuelo até o fim como seu único amor. Ele lhe enviava centenas de cartas, às vezes até mais de uma por dia, às quais ela quase sempre respondia com mensagens curtas e lacônicas, exceto nos últimos meses, quando talvez prenunciava o fim iminente de seu Tonio, e o fez saber que seu amor por ele estava intacto e absoluto. Da base aérea da Tunísia onde se encontrava, o escritor — dirigindo-se a sua esposa — quase lhe envia um apelo: "Querida Consuelo, seja minha proteção... cubra-me com o manto do seu amor."[21]

Para as outras mulheres, Saint-Exupéry poderia usar as mesmas palavras que o pequeno príncipe dirige às rosas: "Você é linda, mas está vazia." Havia apenas uma rosa que realmente importava, a que foi diluída, colocada sob uma cúpula de vidro, protegida por uma tela, limpa de lagartas. "Não chore, é bom ir e descobrir o desconhecido", ele disse à esposa na última despedida. "Vou lutar pelo meu país e nunca seremos separados, porque você é minha mulher para a eternidade."[22]

A separação

Tendo obtido seu alistamento após grande insistência, Saint-Exupéry juntou-se ao grupo de reconhecimento aéreo 2-33 em Argel na primavera de 1943. Mas em 1.º de agosto, retornando de sua segunda missão, ele danificou seu *Lightning*. Os seus superiores americanos, aproveitando o limite de idade de 35 anos para pilotar esse avião, excluíram-no dos voos e colocaram-no na reserva. No início do ano seguinte, foi readmitido na atividade operacional e designado na Sardenha como copiloto da 31ª esquadra de bombardeiros. Na primavera, foi-lhe permitido voltar a integrar o grupo 2-33, que estava sediado em Alghero; ele só foi autorizado a voar

---

[20] *Ibidem*.

[21] Paul Webster, *op. cit.* p. 286.

[22] Consuelo de Saint-Exupéry, *op. cit.* p. 273.

em cinco missões, um limite que não foi respeitado. Em 6 de junho, dia do desembarque na Normandia, ele fez seu primeiro voo, mas um dos motores pegou fogo. Seguiram-se outras missões, até 29, dia do seu aniversário, quando fez um reconhecimento sobre Grenoble e foi obrigado a aterrar na Córsega com o avião avariado. Em 17 de julho, sua unidade foi transferida para Borgo, em vista do desembarque aliado na Provença. No dia 18, realizou outra missão na Haute-Savoie. Em 24 de julho, em Túnis, batizou Christian Gavoille, filho do comandante de seu grupo. Na noite entre 30 e 31, data de sua última missão, ele voltou para seu quarto muito tarde, tanto que outro piloto estava pronto para substituí-lo. Mas pela manhã Saint-Exupéry, taciturno, apareceu na pista e tomou seu lugar no P38 de número 223. Às 8h45 partiu para Savoy. O combustível nos tanques era suficiente para até seis horas de voo. Às 13h, horário marcado para o retorno à base, Saint-Exupéry não voltou. Em vão os radares procuraram por seu avião. Às 14h45, o piloto foi dado como desaparecido. Em um dia esplêndido no final de julho, o escritor foi tragado para sempre pelas águas do Mediterrâneo, em frente a Marselha.

Há quem acredite existir uma referência à eutanásia no final de *O Pequeno Príncipe*. Mas Saint-Exupéry, poucos dias antes de partir de Nova Iorque para o norte da África, havia escrito para sua esposa explicando que não suportava ficar longe daqueles que sofrem com a guerra e que "sofrer o máximo possível" era a única maneira que conhecia para ficar em paz com sua consciência:

> "Não vou partir para morrer, vou partir para sofrer e assim me comunicar com o meu próprio povo. [...] Não desejo ser morto, mas, no entanto, aceito de bom grado adormecer."[23]

Embora seja pessimista quanto ao destino da humanidade, nenhuma ideia de suicídio passava pela sua cabeça. O que ele escreve em *Cidadela* não deixa dúvidas:

---

[23] Carta a Consuelo (1942). *In*: *Icare*, revista francesa de aviação, n.º 96, 1981, p. 22.

> "É preciso distinguir o sacrifício por amor, que é nobre, do suicídio por desespero, que é ignóbil e abjeto."[24]

À medida que o momento fatídico se aproximava, Saint-Exupéry confiou seus pertences a amigos e se preparou para a decolagem e o voo definitivo. Nas notas de *Cidadela*, ele escreveu que ninguém pode dizer qual é o limite além do qual a distância causa uma ruptura. De certa forma, ela não separa, mas liga; não desconecta, mas confunde. E se houver uma herança ideal a ser aprendida e levada adiante, a pessoa que desaparece ainda estará presente no trabalho que continua, em fidelidade a essa tarefa.

---

[24] *Cittadella, op. cit.* cap. CXXVIII, p. 230.

NOTA DO TRADUTOR DA EDIÇÃO ITALIANA

O texto de *O Pequeno Príncipe* certamente propõe dificuldades de interpretação, uma vez que o próprio autor — não muito sutilmente — deixa claro que, para além do sentido literal, também é preciso saber fazer uso do alegórico, especialmente nos muitos capítulos que compõem a segunda parte. Daí a definição de "livro para adultos e crianças": cada um tira dele o melhor que pode, graças à sua forma mais ou menos adequada à reflexão. Mas mesmo a tradução, que é simples quando a narrativa se desenrola de maneira suave e calma, apresenta suas dificuldades quando se trata de diálogos, pois, por exemplo, o verbo "dizer" aparece de forma muito abundante e quase obsessiva. Não apenas isso, mas várias outras formas gramaticais se repetem (substantivos, adjetivos, verbos...) no decorrer da história. Ora, Saint-Exupéry era um escritor habilidoso, astuto, comedido e confiante demais para incorrer na repetição como uma falha intrínseca de sua prosa. Devemos, portanto, admitir que ele a utilizou deliberadamente ou para se adaptar à mentalidade e à linguagem das crianças que dominam um vocabulário ainda limitado, ou para criar um ambiente antigo e mágico à sua história, para conquistar leitores de todos as idades e origens sociais. É mais ou menos o que encontramos ao ler a *Ilíada* e a *Odisseia*, em que Homero faz uso de inúmeras cenas típicas; ou meditando nos antigos textos Vedas da tradição indiana, em que "as repetições cíclicas ininterruptas dos ritos sagrados e as palavras divinas que os acompanham garantem a existência e a duração do mundo".[1]

---

[1] A. Grossato, *Il significato rituale della ripetizione nella letteratura sanscrita dell'India*.

O Pequeno Príncipe

comentado com a Bíblia

A jiboia de Saint-Exupéry lembra a serpente pintada por Michelangelo na Capela Sistina, inspirada na história de Gênesis (3, 1-6):

"A serpente era o mais astuto de todos os animais do campo que o Senhor Deus tinha formado. Ela disse à mulher: 'É verdade que Deus vos proibiu comer do fruto de toda árvore do jardim?' A mulher respondeu-lhe: 'Podemos comer do fruto das árvores do jardim. Mas do fruto da árvore que está no meio do jardim, Deus disse: 'Vós não comereis dele, nem o tocareis, para que não morrais.' 'Oh, não! — tornou a serpente — vós não morrereis! Mas Deus bem sabe que, no dia em que dele comerdes, vossos olhos se abrirão, e sereis como deuses, conhecedores do bem e do mal.' A mulher, vendo que o fruto da árvore era bom para comer, de agradável aspecto e mui apropriado para abrir a inteligência, tomou dele, comeu, e o apresentou também ao seu marido, que comeu igualmente."

CAPÍTULO 1

Quando eu tinha seis anos, encontrei uma magnífica imagem num livro sobre a floresta virgem, chamado *Histórias vividas*, uma impressionante gravura. Era a representação de uma jiboia engolindo um animal selvagem. Eis a cópia do desenho.

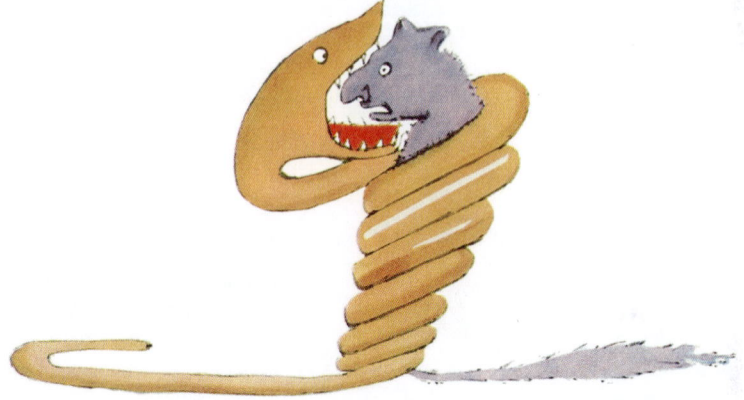

Podia-se ler nesse livro: "As jiboias engolem as presas inteiras, sem mastigar. Em seguida, já não conseguem mover-se e ficam dormindo durante os seis meses de sua digestão."

Em consequência, refleti muito sobre as aventuras da selva e também consegui, com lápis de cor, rascunhar meu primeiro desenho. Meu desenho número 1. Era assim:

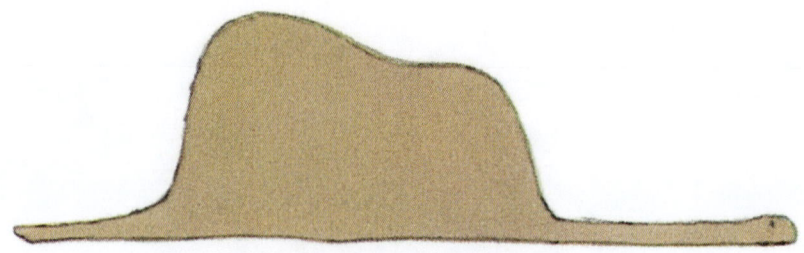

A conclusão do hino ao amor de São Paulo vem à mente (1Cor 13, 11-13):

"Quando eu era criança, falava como criança, pensava como criança, raciocinava como criança. Desde que me tornei homem, eliminei as coisas de criança. Hoje vemos como por um espelho, confusamente; mas então veremos face a face. Hoje conheço em parte; mas então conhecerei totalmente, como eu sou conhecido. Por ora subsistem a fé, a esperança e o amor — as três. Porém, a maior delas é o amor."

Mostrei minha obra-prima às pessoas crescidas, e perguntei se meu desenho lhes dava medo.

Responderam-me: "Por que um chapéu causaria medo a alguém?"

Meu desenho não representava um chapéu, mas uma jiboia digerindo um elefante. A fim de que as pessoas crescidas pudessem entender, desenhei a parte interna da jiboia. De fato, elas sempre precisam de alguma explicação. Meu desenho número 2 era este:

As pessoas crescidas aconselharam-me a deixar de lado os desenhos de jiboias abertas ou fechadas, e me dedicar mais à geografia, à história, ao cálculo e à gramática. Foi assim que, aos seis anos, desisti de uma magnífica carreira de desenhista. Fiquei abatido por não ter tido êxito com meus dois primeiros desenhos. As pessoas crescidas não compreendem nada por si mesmas, e é trabalhoso, para as crianças, estar sempre dando explicações.

Por isso, precisei escolher outra profissão e aprendi a pilotar aviões. Viajei pelo mundo inteiro, um pouco em cada lado. E é certo que, para isso, conhecer a geografia ajudou bastante: já à primeira vista, era capaz de distinguir a China do Arizona. Isso é muito útil para o caso de alguém se achar perdido durante a noite.

Lembra-se do lamento de Jó (Jó 22, 11-12)?
"A luz obscureceu-se; já não vês nada;
e o dilúvio das águas te engole.
Não está Deus nas alturas dos céus?
Vê a cabeça das estrelas como está alta!"

O salmista, como Saint-Exupéry, diz que são os pequenos que apreendem (e nos fazem apreender) as grandes coisas (Sl 8, 2-6):
"Ó Senhor, nosso Deus,
como é glorioso vosso nome
em toda a terra!
Vossa Majestade se estende, triunfante, por cima de todos os céus.
Da boca das crianças e dos pequeninos
sai um louvor que confunde vossos adversários,
e reduz ao silêncio vossos inimigos.
Quando contemplo o firmamento, obra de vossos dedos,
a lua e as estrelas que lá fixastes:
Que é o homem, digo-me então, para pensardes nele?
Que são os filhos de Adão, para que vos ocupeis com eles?
Entretanto, vós o fizestes quase igual aos anjos,
de glória e honra o coroastes."

Durante a vida, foi desse modo que tive grande número de contatos com pessoas sérias. Vivi muito tempo ao lado das pessoas crescidas. Vi-as bem de perto. Isso não melhorou meu conceito sobre elas.

Quando me encontrava com alguém que parecia ser lúcido, mostrava-lhe meu desenho número 1, que sempre levo comigo. Queria saber se era de fato uma pessoa capaz de compreender as coisas. Mas a resposta era sempre a mesma: "É um chapéu." Por isso, eu não falava com eles de jiboias, nem de florestas virgens, nem de estrelas. Procurava manter-me no mesmo nível. Conversava sobre bridge, golfe, política ou gravatas. Então, a pessoa crescida mostrava-se contente pelo fato de conhecer um homem tão sensato.

Na Bíblia, o deserto é o lugar das aparições. Para Moisés, é nas encostas nuas do Monte Sinai que Deus se revela, por meio de um anjo, entre as chamas de uma sarça ardente (cf. Ex 3, 2-6).

E sempre um anjo do Senhor dá água e pão a Elias, sustentando-o para que ele não desanime e possa retomar a sua missão (1Rs 19, 4-8):

"E andou pelo deserto um dia de caminho. Sentou-se debaixo de um junípero e desejou a morte: 'Basta, Senhor', disse ele, 'tirai-me a vida, porque não sou melhor do que meus pais'. Deitou-se por terra, e adormeceu debaixo do junípero. Mas eis que um anjo tocou-o e disse: 'Levanta-te e come!' Elias olhou e viu junto à sua cabeça um pão cozido debaixo da cinza, e um vaso de água. Comeu, bebeu e tornou a dormir. Veio o anjo do Senhor uma segunda vez, tocou-o e disse: 'Levanta-te e come, porque tens um longo caminho a percorrer.' Elias levantou-se, comeu e bebeu, e, com o vigor daquela comida, andou quarenta dias e quarenta noites, até Horeb, a montanha de Deus."

Isaías diz (40, 3-4):
*"Uma voz exclama:
'Abri no deserto um caminho para o Senhor,
traçai reta na estepe uma pista para nosso Deus.
Que todo vale seja aterrado,
que toda montanha e colina sejam abaixadas:
que os cimos sejam aplainados,
que as escarpas sejam niveladas!'"*

João, o precursor, relança esse chamado e encontra Jesus para ser batizado (cf. Mt 3, 13-17; Mc 1, 9-11; Lc 3, 21-22).

CAPÍTULO 2

Dessa maneira, vivi sozinho, sem ter com quem falar verdadeiramente. Assim foi até que houve uma pane no motor do avião, quando eu estava no deserto do Saara, seis anos atrás. Alguma coisa estava quebrada no motor. Como eu não transportava nenhum mecânico, nem passageiros, me esforcei por fazer, completamente sozinho, um reparo difícil. Para mim era questão de vida ou de morte. Só tinha água para oito dias.

Na primeira noite, dormi deitado na areia, a mil milhas de toda terra habitada. Estava mais isolado do que um náufrago com uma jangada no meio do oceano. Por isso, você bem pode imaginar minha surpresa quando, ao amanhecer, uma voz estranha me despertou. Dizia:

— Por favor, faça-me o desenho de uma ovelha!
— Como?
— Faça-me o desenho de uma ovelha!

Levantei-me de um salto, como se um raio me atingisse em cheio. Esfreguei bem os olhos. Olhei atentamente. E vi um garoto completamente incomum, que me fitava.

Este é o melhor retrato que, depois consegui fazer dele.

Mas meu desenho, claro, era muito menos encantador que o original.

O desapego das coisas que o pequeno príncipe demonstra, sua falta de inquietação diante do desconhecido, lembra a atitude recomendada por Jesus:

"Olhai as aves do céu: não semeiam nem ceifam, nem recolhem nos celeiros; e vosso Pai celeste as alimenta. Não valeis vós muito mais que elas? Qual de vós, por mais que se esforce, pode acrescentar um só côvado à duração de sua vida? E por que vos inquietais com as vestes? Considerai como crescem os lírios do campo; não trabalham nem fiam. Entretanto, eu vos digo que o próprio Salomão, no auge de sua glória, não se vestiu como um deles. Se Deus veste assim a erva dos campos, que hoje cresce e amanhã será lançada ao fogo, quanto mais a vós, homens de pouca fé? Não vos aflijais, nem digais: 'Que comeremos? Que beberemos? Com que nos vestiremos?' São os pagãos que se preocupam com tudo isso. Ora, vosso Pai celeste sabe que necessitais de tudo isso. Buscai em primeiro lugar o Reino de Deus e a sua justiça, e todas estas coisas vos serão dadas em acréscimo. Não vos preocupeis, pois, com o dia de amanhã: o dia de amanhã terá as suas preocupações próprias. A cada dia basta o seu cuidado." (Mt 6, 26-34)

Não por minha culpa... Como, aos seis anos, as pessoas crescidas me desestimularam para a carreira de desenhista, nada aprendi de desenho, à exceção das jiboias abertas e das jiboias fechadas.

Examinava, pois, essa aparição com olhos cheios de espanto. É bom não esquecer que eu me encontrava a mil milhas de toda e qualquer região habitada. Ora, meu garoto não aparentava estar perdido, nem no extremo da fadiga, da fome ou da sede, e tampouco parecia ter medo. Em nada parecia ser um pobre menino perdido no deserto, a mil milhas de qualquer região habitada.

Quantas vezes Jesus usa as ovelhas em suas parábolas!

"Jesus respondeu-lhe: 'Há alguém entre vós que, tendo uma única ovelha e se esta cair num poço no dia de sábado, não a irá procurar e retirar?'" (Mt 12, 11)

Jesus é o Bom Pastor, a quem se referem as palavras relatadas pelos sinóticos:

"Quem de vós que, tendo cem ovelhas e perdendo uma delas, não deixa as noventa e nove no deserto e vai em busca da que se perdeu, até encontrá-la? E depois de encontrá-la, a põe nos ombros, cheio de júbilo, e, voltando para casa, reúne os amigos e vizinhos, dizendo-lhes: 'Regozijai-vos comigo, achei a minha ovelha que se havia perdido.'" (Lc 15, 4-6)

E sobretudo estes versos joaninos:

"'A este o porteiro abre, e as ovelhas ouvem a sua voz. Ele chama as ovelhas pelo nome e as conduz à pastagem. Depois de conduzir todas as suas ovelhas para fora, vai adiante delas; e as ovelhas seguem-no, pois lhe conhecem a voz.

Mas não seguem o estranho; antes fogem dele, porque não conhecem a voz dos estranhos.' Jesus disse-lhes essa parábola, mas não entendiam do que ele queria falar.

Jesus tornou a dizer-lhes: 'Em verdade, em verdade vos digo: eu sou a porta das ovelhas. Todos quantos vieram antes de mim foram ladrões e salteadores, mas as ovelhas não os ouviram.

Quando, por fim, consegui dizer algo, saiu isto:
— Mas... que faz aqui?
Então, ele me repetiu delicadamente, como se falasse de uma coisa muito séria:
— Por favor, faça-me o desenho de uma ovelha.

Quando um mistério é grande demais, ninguém ousa desobedecer. Por mais absurdo que pareça — afinal, eu estava a mil milhas de toda e qualquer região habitada e, além do mais, correndo risco de vida —, tirei do bolso uma folha de papel e uma caneta esferográfica, Mas lembrei que havia estudado geografia, história, cálculo e gramática, e, meio contrariado, disse ao garoto que eu não sabia desenhar. Ele me respondeu:
— Não faz mal. Faça-me o desenho de uma ovelha.

Como jamais fizera o desenho de uma ovelha, mais uma vez fiz o esboço de um dos dois únicos desenhos de que era capaz. Era o da jiboia fechada. Foi o que fiz. Fiquei estupefato quando o menino me respondeu:
— Não! Não! Não quero um elefante numa jiboia. Uma jiboia é muito perigosa, e o elefante é muito volumoso. Onde vivo, é tudo muito pequeno. Tenho necessidade de uma ovelha. Faça-me o desenho de uma ovelha.
Naquele momento, eu comecei a desenhar.

Eu sou a porta. Se alguém entrar por mim, será salvo; tanto entrará como sairá e encontrará pastagem. O ladrão não vem senão para furtar, matar e destruir. Eu vim para que as ovelhas tenham vida e para que a tenham em abundância.

Eu sou o bom pastor. O bom pastor expõe a sua vida pelas ovelhas. O mercenário, porém, que não é pastor, a quem não pertencem as ovelhas, quando vê que o lobo vem vindo, abandona as ovelhas e foge; o lobo rouba e dispersa as ovelhas. O mercenário, porém, foge, porque é mercenário e não se importa com as ovelhas.

Eu sou o bom pastor. Conheço as minhas ovelhas e as minhas ovelhas conhecem a mim, como meu Pai me conhece e eu conheço o Pai. Dou a minha vida pelas minhas ovelhas. Tenho ainda outras ovelhas que não são deste aprisco. Preciso conduzi-las também, e ouvirão a minha voz e haverá um só rebanho e um só pastor."' (Jo 10, 3-16)

Ele observou com atenção, e depois disse:
— Não! Essa está muito doente. Faça-me outra ovelha.
Fiz o desenho.

Meu amigo sorriu delicadamente, com indulgência.
— Não está vendo?... Não é uma ovelha, é um carneiro. Tem chifres...

Fiz, então, outro desenho.

Contudo, assim como os anteriores, também foi recusado.
— Essa é velha demais. Quero uma ovelha que ainda possa viver muito.

Agora, já sem paciência, e com pressa para consertar o problema no motor, rascunhei este desenho.

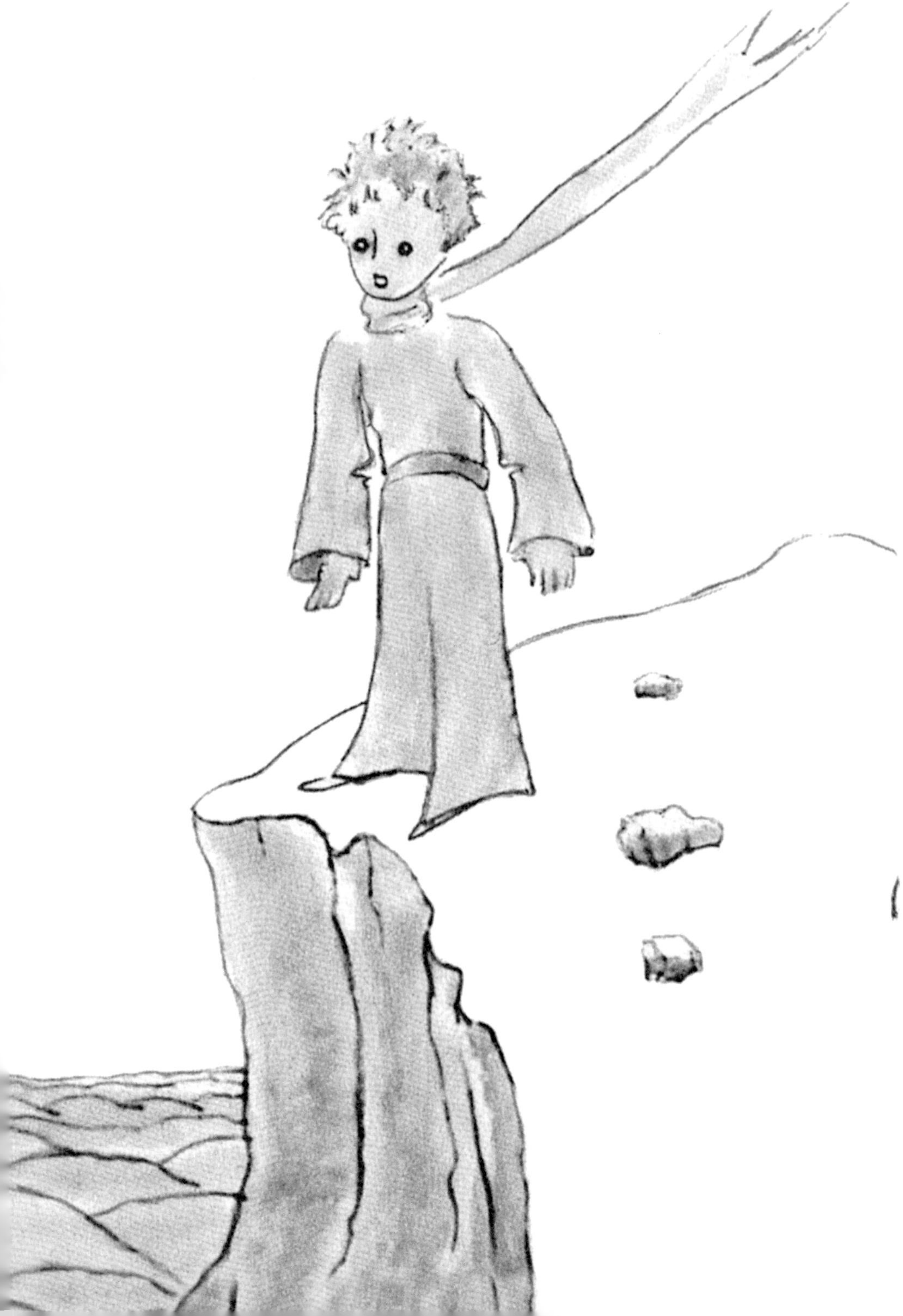

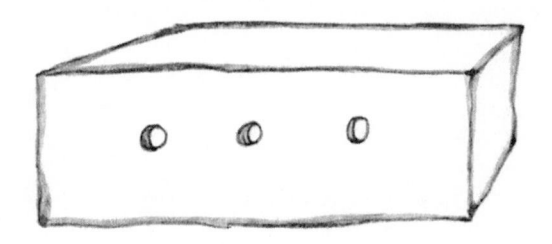

E arrisquei uma ideia:

— É a caixa. A ovelha, como você quer, está aí dentro.

Qual não foi a minha surpresa, então, quando vi o rosto de meu jovem juiz iluminar-se:

— Era assim mesmo que eu queria! Você acha que essa ovelha precisa de muita grama?

— Por quê?

— Porque no lugar onde vivo é tudo muito pequeno.

— O que existe certamente bastará. A ovelha que lhe dei é bem pequena.

O garoto fixou o olhar no desenho, e disse:

— Não é tão pequena assim... Veja! Adormeceu...

Foi assim que conheci o pequeno príncipe.

No diálogo noturno com Nicodemos, Jesus diz:

"O vento sopra onde quer; ouves-lhe o ruído, mas não sabes de onde vem, nem para onde vai. Assim acontece com aquele que nasceu do Espírito." (Jo 3, 8)

Nicodemos ainda tem dificuldade para entender e Jesus fala, impaciente:

"Se vos tenho falado das coisas terrenas e não me credes, como crereis se vos falar das celestiais?" (Jo 3, 12)

Às vezes é difícil conhecer realmente o amigo que está perto de você. É por isso que Jesus pergunta aos seus (Lc 9, 20):

"E vós, quem dizeis que eu sou?"

Pedro encarrega-se da resposta. Mas poucos dos que conheceram Jesus foram capazes de compreender quem era Aquele que estava diante deles. Durante a viagem final a Jerusalém, ao atravessar a Galileia e Samaria, adverte os discípulos sobre o que é visível e o que é invisível e exorta-os a não confiarem apenas no que pode ser visto com os olhos, *"pois como o relâmpago, reluzindo numa extremidade do céu até a outra, assim será com o Filho do Homem no seu dia"* (Lc 17, 24).

CAPÍTULO 3

Levei tempo para compreender de onde ele vinha. O pequeno príncipe, que fazia tantas perguntas, parecia nunca ouvir as minhas. Foram palavras pronunciadas a esmo e gradativamente me revelaram tudo. Assim, quando ele se deparou com meu avião pela primeira vez (não desenharei meu avião, pois seria complicado demais para mim), perguntou-me:

— Que coisa é essa?

— Isso não é uma coisa. Ele voa. É um avião. É o meu avião.

E senti orgulho em dizer que eu voava. Ele exclamou, então:

— Como?! Quer dizer que você caiu do céu?

— Sim — disse com ar de falsa modéstia.

— Ah! Como é engraçado isso...

E o pequeno príncipe deu uma gostosa risada, que me irritou bastante. Desejo que tomem as minhas desgraças a sério.

Acrescentou, depois:

— Então, você também veio do céu! De que planeta é?

No mistério da presença desse garoto, vi o lampejo de algo, e, por isso, perguntei bruscamente:

— Então você vem de outro planeta?

Ele não me respondeu. Meneava a cabeça levemente, enquanto dirigia o olhar para meu avião:

— Bem, é certo que, dentro disso, você não pode ter vindo de muito longe...

Após dizer isso, mergulhou numa espécie de sonho, que o deixou silencioso por um tempo. Em seguida, tirando o desenho da ovelha do bolso, deteve-se na contemplação de seu tesouro.

É de se imaginar como essa meia confidência sobre "os outros planetas" me aguçou a curiosidade. Esforcei-me, pois, por saber mais:

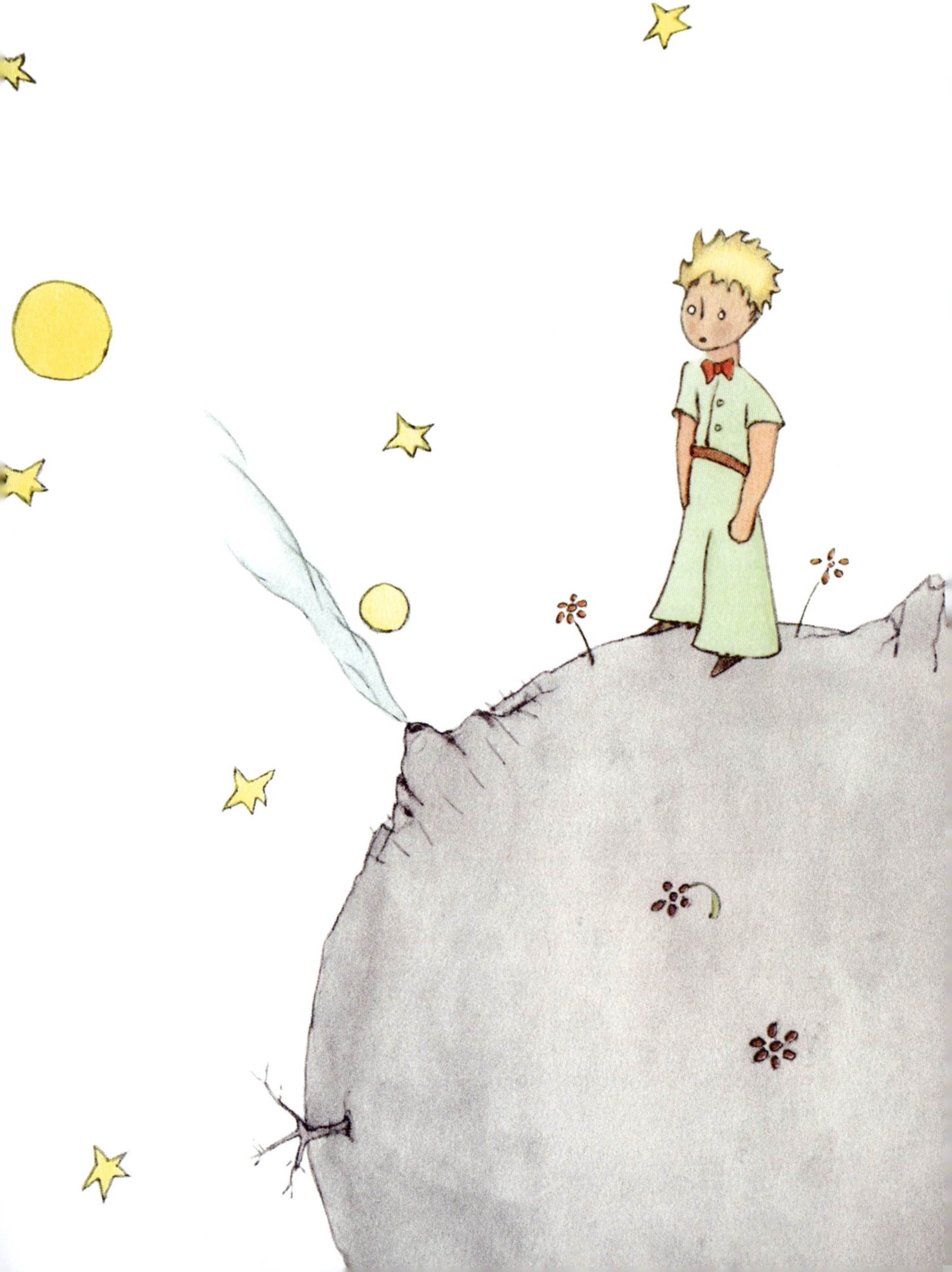

— De onde você vem, garoto? Que lugar é esse "onde vive"? Para onde quer levar minha ovelha?

Depois de um silêncio meditativo, veio como resposta o seguinte:

— O que me agrada é saber que, quando a noite chegar, a ovelha estará bem guardada por causa da caixa que você me deu, que lhe servirá de casa.

— É verdade. E, se você se comportar bem, também darei uma corda para que possa amarrá-la durante o dia. Além disso, uma estaca.

A afirmação pareceu chocar o pequeno príncipe:

— Amarrá-la? Que coisa estranha!

— Se não a amarrar, ela irá para qualquer parte e se perderá...

Meu amigo soltou uma gargalhada:

— Mas para onde espera que ele vá?

— Pouco importa. Vai para qualquer lado...

Então, o principezinho observou com atenção:

— Isso não quer dizer nada. É tão pequeno onde moro!

E, talvez com uma ponta de melancolia, acrescentou:

— Se for para qualquer lado, quer dizer que não pode ir muito longe...

Jeremias escreve que *"não se pode contar o exército do céu nem medir a areia do mar"* (Jr 33, 22). Ainda ecoa o louvor de Davi a Deus no Salmo 8, em que a onipotência celestial do Senhor é exaltada. Ele é o único que pode contar o número das estrelas e chamar cada uma pelo nome (Sl 147, 4), porque foi Ele quem as fez e as colocou *"no firmamento do céu para iluminar a terra"* (Gn 1, 17) e *"para governar a noite, porque sua misericórdia é eterna"* (Sl 136, 9).

Quando Deus anuncia sua herança a Abraão, diz-lhe: *"Olhe para o céu e conte as estrelas, se puder contá-las"*; e acrescenta: *"Tais serão os teus descendentes"* (Gn 15, 5). Promessa que é repetida depois do sacrifício no Monte Moriá (Gn 22, 17) e que se renova a seu filho Isaac (Gn 26, 4).

Mas olhando para o céu é preciso ter um telescópio tão poderoso que permita ver além das estrelas e descobrir o ponto mais alto e brilhante, Deus, segundo a recomendação de Moisés:

"Quando levantares os olhos para o céu, e vires o sol, a lua, as estrelas, e todo o exército dos céus, guarda-te de te prostrar diante deles e de render um culto a esses astros, que o Senhor, teu Deus, deu como partilha a todos os povos que vivem debaixo do céu." (Dt 4, 19)

CAPÍTULO 4

Também fiquei sabendo de uma segunda coisa muito importante: o planeta de origem do garoto era pouco maior que uma casa!

Não era muito de admirar... Eu sabia muito bem que, salvo o caso dos grandes planetas, como a Terra, Júpiter, Marte, Vênus — os que nomeamos —, existem centenas de outros, tão pequenos que nem pelo telescópio podem ser localizados. Quando um astrônomo descobre algum, lhe dá por nome um número, como, por exemplo, "asteroide 3251".

Tenho sérias razões para acreditar que o garoto vinha do asteroide B 612. Somente uma vez, em 1909, um astrônomo turco conseguiu ver esse planeta por telescópio.

Lembremos da belíssima invocação de Baruc (3, 31-35):
"Ninguém conhece o seu caminho,
Somente aquele que tudo sabe o conhece,
e por efeito de sua prudência o descobre;
ninguém toma o seu caminho de coração.
aquele que criou a terra para tempos que não findam;
aquele que de animais a povoou;
aquele que lança o relâmpago e o faz brilhar,
que o chama e ele, bramindo, obedece.
Brilham em seus postos as estrelas e se alegram;
e as chama, e respondem: 'Aqui estamos!',
e jubilosas refulgem para o seu criador."

Durante o martírio nas chamas, infligido a ele pelo rei da Babilônia, Azarias reza (Dn 3, 63):
"Bendizei o Senhor, estrelas do céu, louvai-o e exaltai-o para sempre."

Jesus diz que as estrelas oferecerão o sinal do cumprimento dos tempos (Lc 21, 25). E o Apocalipse (6, 13) dá uma imagem colorida:
"As estrelas do céu caíram na terra, como frutos verdes que caem da figueira agitada por forte ventania."

Daí o convite de Paulo ao discernimento:
"Também há corpos celestes e corpos terrestres, mas o brilho dos celestes difere do brilho dos terrestres. Uma é a claridade do sol, outra a claridade da lua e outra a claridade das estrelas; e ainda uma estrela difere da outra na claridade." (1Cor 15, 40-41)

Ele fez grande alarde de sua descoberta no Congresso Internacional de Astronomia. Acontece que ninguém lhe deu crédito, por causa da roupa que usava. As pessoas crescidas são assim mesmo.

Felizmente, para resgatar a reputação do asteroide B 612, veio depois um ditador turco e, invocando a pena de morte, impôs ao povo a ordem de vestir-se como os europeus. O astrônomo fez nova demonstração em 1920 usando uma vestimenta muito elegante. Por isso, desta vez, todo o mundo concordou com o que disse.

Jesus disse:

"Se [...] não vos transformardes e vos tornardes como criancinhas, não entrareis no reino dos céus. Aquele que se fizer humilde como esta criança, será maior no reino dos céus. E o que recebe em meu nome a um menino como este, é a mim que recebe." (Mt 18, 3-5)

Os apóstolos, como nós, têm dificuldade para entender e logo depois começam a repreender as crianças que são trazidas a Jesus para a bênção. O Mestre intervém de forma decisiva: "Deixai vir a mim as crianças, não as impeçais: o reino de Deus pertence àqueles que são como elas". (Mc 10, 14)

Vale a pena citar o chamado de Pedro (1Pd 2, 1-3):

"Deponde, pois, toda malícia, toda astúcia, fingimentos, invejas e toda espécie de maledicência. Como crianças recém-nascidas desejai com ardor o leite espiritual que vos fará crescer para a salvação, se é que tendes saboreado quão suave é o Senhor." (Cf. Sl 33, 9)

Sabe por que contei esses pormenores sobre o asteroide B 612 e revelei seu número? Por causa das pessoas crescidas. Estas gostam dos números. Quando você fala com eles sobre um amigo novo, nunca perguntam a respeito do que é essencial. Nunca perguntam: "Como é o som de sua voz? Que jogos prefere? Coleciona borboletas?" Sabem apenas perguntar: "Qual sua idade? Quantos irmãos tem? Qual é seu peso? Quanto seu pai ganha?" Só depois de saberem coisas assim, é que consideram conhecê-lo. Quando alguém diz às pessoas crescidas: "Vi uma bonita casa de tijolos de cor rosada, com gerânios nas janelas e pombas no telhado...", elas não conseguem imaginar como é a casa. Precisam que digamos algo assim: "Vi uma casa que custa cem mil francos." Depois de ouvir isso, exclamam: "Como é linda!"

Imagine que alguém diga: "A prova de que o pequeno príncipe existiu está no fato de que era muito gracioso, ria e queria uma ovelha. Quando alguém quer uma ovelha, aí está a prova de que existe." Ouvindo isso, darão de ombros, e dirão que somos crianças. Agora, suponhamos que alguém lhes diga: "O planeta de onde vinha era o asteroide B 612." Então ficarão satisfeitas e deixarão de fazer novas perguntas. São sempre assim. Não devemos querer-lhes mal por isso. As crianças devem ser muito compreensivas em relação às pessoas crescidas.

Mas, como compreendemos a vida, fazemos pouco caso dessa história de números! Para dizer a verdade, gostaria é de ter começado esta história à maneira dos contos de fadas. Gostaria de ter narrado assim:

"Era uma vez a história de um pequeno príncipe que vivia num planeta que era mais ou menos de seu tamanho, e que sentia necessidade de ter um amigo..."

Quando Jesus tem que descrever o vínculo que o une aos seus, usa a imagem da videira e dos ramos, unidos pela seiva do amor. Dessa forma, a relação não é mais aquela entre servo e mestre, empregado e patrão, aluno e professor. Não há vínculo de dependência forçada, a única coisa que os une é a *"plena alegria"* (Jo 15, 11). *"Chamei-vos amigos"*, diz Jesus aos seus discípulos (Jo 15, 15), depois de afirmar no Cenáculo: *"Ninguém tem maior amor do que aquele que dá a sua vida por seus amigos"* (Jo 15, 13).

Na glosa da última carta de João, dirigida a Gaio, está toda a saudade de quem gostaria de ter o amigo ao lado:
"Tinha muitas coisas para te escrever, mas não quero fazê-lo com tinta e pena. Espero ir ver-te em breve e então falaremos de viva voz. A paz esteja contigo! Os amigos te saúdam. Saúda os amigos cada um em particular." (3Jo 1, 13-15)

Para os que compreendem a vida, seria muito mais convincente. Desagrada-me quando leem meu livro sem pensar. Sinto muita tristeza ao contar estas lembranças. Faz seis anos que meu amigo partiu com sua ovelha. Procuro descrevê-lo aqui, para que não me esqueça dele. É muito doloroso esquecer um amigo! Nem todos têm um! E não quero acabar como as pessoas crescidas, que só se interessam pelos números. É por essa razão, pois, que comprei uma caixa de lápis de cor sortidos. É difícil, em minha idade, retomar a profissão de desenhista, sendo que minhas tentativas anteriores (quando tinha seis anos) haviam sido apenas de desenhar uma jiboia aberta e uma jiboia fechada! É claro que procurarei desenhar figuras que se pareçam tanto quanto possível com o original. Não sei, porém, se o conseguirei. Às vezes, um desenho sai bem; outras, não. É que me confundo também na questão do tamanho. Em um caso, o pequeno príncipe sai grande demais; no outro, minúsculo. Também fico na dúvida quanto à cor da roupa. Então, vou tateando como posso, de cá e de lá. Posso confundir-me a respeito de detalhes importantes. Quanto a isso, deve perdoar-me. Meu amigo nunca me fornecia explicações. Talvez me achasse parecido com ele. Infelizmente, não sou capaz de ver as ovelhas por meio das caixas. Talvez eu tenha algo em comum com as pessoas crescidas. Acho que estou ficando velho.

Lembra-se da parábola do joio relatada por Mateus (13, 24-30)?

"O reino dos céus é semelhante a um homem que tinha semeado boa semente em seu campo. Na hora, porém, em que todos repousavam, veio o seu inimigo, semeou joio no meio do trigo e partiu. O trigo cresceu e deu fruto, mas apareceu também o joio. Os servidores do pai de família vieram e disseram-lhe: 'Senhor, não semeaste bom trigo em teu campo? Donde vem, pois, o joio?' Disse-lhes ele: 'Foi um inimigo que fez isto!' Replicaram-lhe: 'Queres que vamos e o arranquemos?' 'Não', disse ele, 'porque arrancando o joio, arriscais a tirar também o trigo. Deixai-os crescer juntos até a colheita. No tempo da colheita, direi aos ceifadores: arrancai primeiro o joio e atai-o em feixes para ser queimado. Recolhei depois o trigo no meu celeiro.'"

E a parábola do semeador? Eis a versão de Lucas (8, 5-8):

"Saiu o semeador a semear a sua semente. E ao semear, parte da semente caiu à beira do caminho; foi pisada, e as aves do céu a comeram. Outra caiu no pedregulho; e, tendo nascido, secou, por falta de umidade. Outra caiu entre os espinhos; cresceram com ela os espinhos e sufocaram-na. Outra, porém, caiu em terra boa; tendo crescido, produziu fruto cem por um."

CAPÍTULO 5

Cada dia aprendo uma coisa nova sobre o planeta, sobre a partida, sobre a viagem. Tudo vem muito naturalmente, ao sabor das reflexões. Foi assim que, no terceiro dia, soube da tragédia dos baobás.

Mais uma vez, isso foi graças à ovelha, pois subitamente o pequeno príncipe me perguntou, como se precisasse resolver uma dúvida importante:

— É mesmo verdade que as ovelhas comem arbustos?

— Sim, é verdade.

— Isso me faz feliz!

Não compreendi por que era tão importante saber que as ovelhas comem arbustos. Então, o pequeno príncipe acrescentou:

— Portanto, também comem baobás?

Expliquei ao principezinho que os baobás não são arbustos, mas do tamanho de igrejas e que, por isso, nem sequer trazendo consigo uma manada de elefantes esse rebanho daria cabo de um só baobá!

A ideia do rebanho de elefantes provocou o riso do pequeno príncipe:

— Teríamos de amontoá--los uns sobre os outros...

Observou a seguir, com bom senso:

— Antes de os baobás crescerem, começam pequenos.

56

— Exatamente! Mas por que deseja que suas ovelhas comam os pequenos baobás?

Ele respondeu:

— Bem, vejamos! — Era como se falasse de uma coisa evidente. E, por causa disso, precisei fazer um grande esforço para compreender por mim mesmo o problema.

De fato, tanto no planeta do pequeno príncipe como nos demais, havia ervas boas e más. Por conseguinte, também sementes de ervas boas e sementes de ervas más. As sementes são invisíveis, porém. Dormem no fundo da terra, até o momento em que têm o ímpeto de despertar... Quando isso acontece, a semente sai aos pouquinhos, na direção do sol, um encantador e delicado raminho. Seja um raminho de rabanete ou de uma roseira, deixamos ele crescer como lhe couber. Mas, se for uma planta má, é preciso extirpá-la assim que a reconheça. Ora, havia sementes muito ruins no planeta do pequeno príncipe... Eram as sementes dos baobás. Destas o solo do planeta estava infestado. Ora, se não arrancamos logo um baobá, depois não conseguimos mais fazê-lo. Ele estorva todo o planeta e o perfura com suas raízes. Quando o planeta é pequeno demais, e os baobás muito numerosos, eles o destroem.

— É uma questão de disciplina — confidenciou-me depois o pequeno príncipe. — Assim que terminamos a nossa higiene pessoal da manhã, devemos começar cuidadosamente a limpeza da terra. É preciso tomar o hábito de arrancar os baobás, assim que conseguimos distingui-los das roseiras, com as quais podem ser confundidos quando são jovens. É um trabalho muito maçante, mas também muito fácil.

Certo dia, o pequeno príncipe recomendou que eu me empenhasse em fazer um belo desenho, para que entrasse na cabeça das crianças do lugar onde vivo.

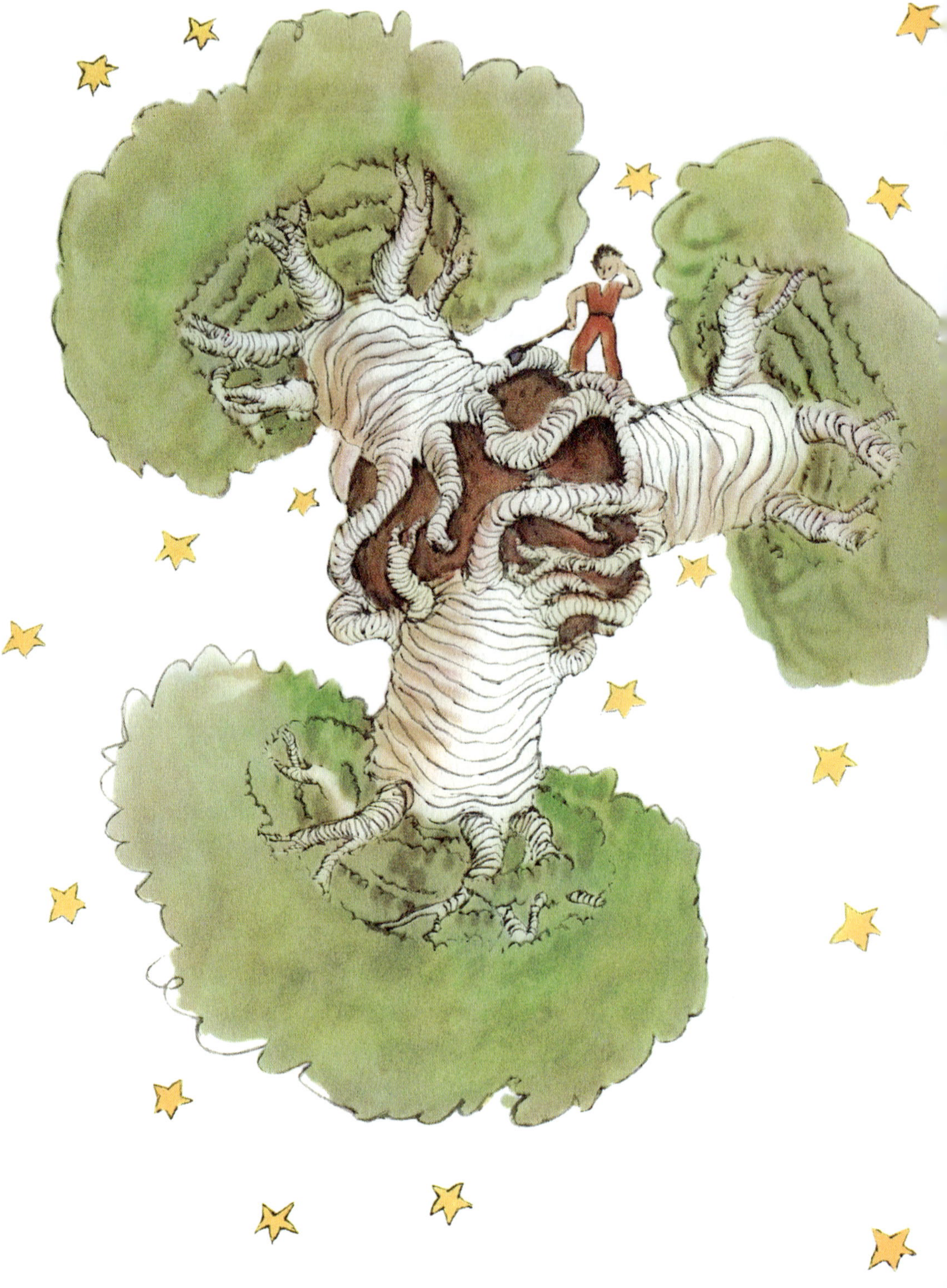

Se viajarem um dia, poderá ser-lhes útil. Seja como for, não há inconveniente em adiar o início deste trabalho. No entanto, quando se trata dos baobás, é sempre uma catástrofe. Conheci um planeta que era habitado por um preguiçoso. Ele havia se descuidado de três arbustos...

Com base nas indicações do pequeno príncipe, rascunhei o desenho de tal planeta. Detesto passar por alguém que dá lições de moral. Acontece, porém, que poucos conhecem o perigo dos baobás. Contudo, para advertir meus amigos dos grandes riscos que correm os que se extraviam num asteroide, abandonei minha habitual reserva. Por isso digo: "Crianças! Cuidado com os baobás!" Foi para advertir meus amigos desse perigo que os ronda há muito tempo, como também a mim, sem que o saibamos, que me esforcei tanto para fazer este desenho. Valia a pena esta lição que eu dava. Alguém poderá perguntar: por que não há, nesse livro, outros desenhos tão grandiosos como o dos baobás? A resposta é bem simples: procurei fazê-lo, mas não o consegui. Quando desenhei os baobás, estava movido pelo sentimento de urgência.

Disse o salmista (Sl 113, 3): *"Desde o nascer do sol até o poente, seja louvado o nome do Senhor."*

O que seria o mundo sem o pôr do sol? *"Deus chamou à luz dia, e às trevas noite. Sobreveio a tarde e depois a manhã: foi o primeiro dia"* (Gn 1, 5). Desde aquele primeiro dia o milagre se repete, mas ficamos viciados e não sabemos mais como nos maravilhar com a pungente beleza do crepúsculo.

Eclesiastes descreve a fascinante intercalação do sol nascente e poente, e que depois volta correndo para o lugar de onde nascerá novamente. Mas depois acrescenta com desencanto: *"Existe alguma coisa da qual se diz: 'Veja: isto é novo?'"* (Ecl 1, 10).

Os peregrinos na estrada para Emaús reconhecem o Mestre à noite, quando as sombras aumentavam: *"Fica conosco, pois é noite e o dia está a chegar ao fim"* (Lc 24, 29). Porque nem sempre é verdade que se precisa de luz brilhante para ver bem. A escuridão aperfeiçoa o sexto sentido, o do coração.

À espera do cumprimento do oráculo de Zacarias com o retorno definitivo do Messias (Zc 14, 6-7):
"Naquele dia não haverá nem luz, nem frio, nem gelo. Será um dia contínuo (conhecido somente do Senhor), e não haverá sucessão de dia e noite, e a noite será clara."

CAPÍTULO 6

Ah! Pequeno príncipe! Aos poucos, estou compreendendo sua vidinha melancólica. Durante muito tempo , sua única distração foi contemplar a suavidade do pôr do sol. Fiquei sabendo dessa nova minúcia no quarto dia pela manhã, quando ele me disse:

— Gosto muito de pôr do sol. Vamos ver um pôr do sol...
— Mas é preciso esperar...
— Esperar o quê?
— Esperar que o sol se ponha.

De início, mostrou-se muito surpreso, depois riu de si mesmo. E respondeu:

— Sempre penso que estou em casa!

Verdade. Quando nos Estados Unidos é meio-dia, como todo o mundo sabe, o sol começa a pôr-se na França. Se, numa fração de segundos, viajássemos até lá, chegaríamos a tempo de assistir ao pôr do sol. Infelizmente, a França está longe demais. Em seu pequeno planeta, porém, basta arrastar a cadeira um pouco para o lado. Fazendo isso, já se consegue contemplar o crepúsculo, toda vez que desejar...

— Houve um dia em que vi o pôr do sol 43 vezes!

Pouco mais tarde, acrescentou:

— Bem sabe... Quando estamos tristes, é bom ver o pôr do sol...
— No dia em que você viu 43 vezes o pôr do sol, estava tão triste assim?

A essa pergunta o pequeno príncipe não me deu resposta.

O amante do Cântico dos Cânticos diz à sua amada (Ct 2, 11-13):
*"Eis que o inverno passou,
cessaram e desapareceram as chuvas.
Apareceram as flores na nossa terra,
voltou o tempo das canções.
Em nossas terras já se ouve a voz da rola.
A figueira já começa a dar os seus figos,
e a vinha em flor exala o seu perfume;
levanta-te, minha amada, formosa minha, e vem, logo!"*

E ela responde (Ct 7, 13):
*"Pela manhã iremos às vinhas,
para ver se a vinha lançou rebentos,
se as suas flores se abrem,
se as romãzeiras estão em flor.
Ali te darei o meu amor!"*

O Eclesiástico exorta desta maneira (Eclo 39, 13-14):
*"Ouvi-me, rebentos divinos, desabrochai
como uma roseira plantada à beira das águas;
como o incenso, espargi suave aroma;
dai flores como o lírio, exalai perfume
e estendei graciosa folhagem.
Cantai cânticos e bendizei o Senhor nas suas obras."*

CAPÍTULO 7

No quinto dia, sempre por causa da ovelha, esse segredo da vida do pequeno príncipe me foi revelado. Perguntou-me com aspereza, sem preâmbulo nenhum, como se tivesse tirado essa conclusão depois de meditar em silêncio durante muito tempo:

— Uma ovelha, se come arbustos, também come flores?

— Uma ovelha come tudo o que vê pela frente.

— Até as flores com espinhos?

— Sim, até as flores com espinhos.

— Sendo assim, os espinhos para que servem?

Eu não sabia o que dizer. Estava concentrado demais no esforço para desparafusar uma peça enroscada no motor. Isso me preocupava muito, pois a pane já estava parecendo algo muito grave, e, com a água potável no fim, eu temia pelo pior.

— Os espinhos para que servem?

Toda vez que fazia uma pergunta, o pequeno príncipe nunca desistia até que obtivesse resposta. Eu estava irritado por causa da peça enroscada; assim, disse qualquer coisa, à maneira de resposta:

— Os espinhos não servem para nada, é pura maldade da parte das flores!

— Oh!

Contudo, após um breve silêncio, com uma ponta de mágoa, lançou contra mim:

— Não acredito em você. As flores são fracas. São ingênuas. Defendem-se como podem. Acham-se assustadoras com seus espinhos...

"Bem-aventurados os que choraram as tuas desgraças: alegrar-se-ão por ti e verão toda a tua alegria."

O choro também faz Deus se comover, como vemos na história dos Macabeus: *"Provocava compaixão o pranto da multidão"* (2Mc 3, 21). *"O Senhor ouve a voz do meu pranto"*, assegura o salmista (Sl 6, 9).

Portanto, não há nenhuma vergonha. Em Betânia, Jesus também chora ao encontrar seu amigo Lázaro morto (Jo 11, 35). Antes, Paulo recomenda: *"Alegrai-vos com os que se alegram; chorai com os que choram"* (Rm 12, 15).

Não dei resposta. Pensava comigo: "Se não conseguir desparafusar essa peça, a farei voar pelos ares com uma martelada!" O pequeno príncipe interrompeu de novo o curso de minhas reflexões:

— Que me diz? Acha que as flores...

— Não! Não! Nada disso! Não acho nada! Respondi o que me passou pela cabeça! Estou ocupado com coisas sérias!

Ele me olhou, sobressaltado.

— Coisas sérias!

Ele me olhou, com o martelo na mão e com os dedos sujos de óleo e de graxa; via-me debruçado sobre um objeto que, aos olhos do pequeno príncipe, parecia muito feio.

— Você fala como as pessoas crescidas!

Isso me deixou meio sem jeito. Implacável, prosseguiu:

— Você confunde todas as coisas... Mistura tudo!

Demonstrava, com efeito, estar muito irritado. Sacudia ao vento a cabeleira dourada:

— Conheço um planeta onde há um senhor de pele avermelhada. Jamais aspirou o perfume de uma flor. Jamais admirou uma estrela. Jamais amou a quem quer que fosse. Só fez contas de adição. E o dia inteiro repetia o que você disse agora: "Sou um homem sério! Sou um homem sério!" E isso o deixava inflado de orgulho; mas isso não é um homem, e sim um cogumelo!

— Um o quê?

— Um cogumelo!

O pequeno príncipe estava agora pálido de cólera.

— As flores fabricam espinhos há muitos milhões de anos. Há milhões de anos que as ovelhas comem até mesmo flores. E por que não seria uma coisa séria tentar descobrir por que se empenham tanto por fabricar espinhos, se estes nunca servem para nada? Não seria importante a guerra travada entre as ovelhas e as flores? Não é isso mais sério e importante do que as contas

de adição, feitas por um senhor gordo e avermelhado? Digamos que eu conhecesse uma flor única no mundo, que não existisse em nenhum outro lugar a não ser em meu planeta, e que soubesse que uma ovelhinha, sem perceber, poderia destruí-la por inteiro sem perceber, por acaso isso não seria importante?

Enrubesceu. Depois continuou.

— Se alguém souber amar uma flor da qual só existe um exemplar entre milhões e milhões de estrelas, basta isso para que seja feliz quando a vê. De si para consigo, diz: "Minha flor está em algum lugar..." Então, se a ovelha comer a flor, para ele seria como se, de repente, todas as estrelas se apagassem!... Ora, isso não é importante?!

Não foi capaz de articular nem mais uma palavra. Irrompeu de súbito em soluços. Já era noite, e eu pusera as ferramentas a um canto. A essa altura, pouco me importavam o martelo, a peça enroscada, ou mesmo a sede e a morte. Havia em uma estrela, um planeta que era o meu, a Terra, um pequeno príncipe para consolar. Eu o puxei pelo braço. Acalmei-o. Disse-lhe, a seguir:

— A flor que você ama não está correndo perigo... Eu lhe farei um desenho de uma mordaça, que será para sua ovelha... Farei também uma armadura para sua flor... Eu farei...

Já não sabia mais o que dizer. Sentia-me muito desastrado, não sabia como reanimá-lo... Tão misterioso é o país das lágrimas!

No terceiro dia da Criação, Deus disse:
"'Produza a terra plantas, ervas que contenham semente e árvores frutíferas que deem fruto segundo a sua espécie e o fruto contenha a sua semente.' E assim foi feito. A terra produziu plantas, ervas que contêm semente segundo a sua espécie, e árvores que produzem fruto segundo a sua espécie, contendo o fruto a sua semente. E Deus viu que isso era bom." (Gn 1, 11-12)

Estupendas são as palavras de Isaías (55, 9-11):
"Assim como o céu domina a terra,
tanto é superior à vossa a minha conduta
e meus pensamentos ultrapassam os vossos.
Tal como a chuva e a neve caem do céu
e para lá não volvem sem ter regado a terra,
sem a ter fecundado, e feito germinar as plantas,
sem dar o grão a semear e o pão a comer,
assim acontece à palavra que minha boca profere:
não volta sem ter produzido seu efeito,
sem ter executado minha vontade e cumprido sua missão."

CAPÍTULO 8

Muito depressa aprendi a conhecer bem essa flor. Sempre houve, no planeta do pequeno príncipe, flores muito simples, com um só círculo de pétalas, que não ocupavam muito espaço e que a ninguém incomodavam. Brotavam pela manhã, na relva, e à noite sumiam. Porém, essa flor germinara um dia, nascida de uma semente trazida não se sabe de onde, e o pequeno príncipe examinou bem de perto esse raminho, o qual não se parecia com nenhum outro. Bem poderia ser um novo gênero de baobá.

Mas o arbusto logo parou de crescer e começou os preparativos para a vinda de uma flor. O pequeno príncipe, que deparava com a formação de um enorme botão, via claramente que dali sairia uma aparição maravilhosa; mas a flor nunca acabava de preparar-se para nascer bela, sob a proteção de seu ramo verde. Escolhia cuidadosamente suas cores. Vestia-se vagarosamente, alinhando suas pétalas uma a uma. Não queira aparecer amarrotada como as papoulas. Queria mostrar-se somente quando estivesse no pleno esplendor de sua beleza. Sim, era muito vaidosa. Seu misterioso arranjo era prolongado, dia após dia. Até que numa bela manhã, justamente ao nascer do sol, apresentou-se.
E a flor que trabalhou com tanta precisão disse, bocejando:
— Ah! Ainda não estou bem acordada... Peço perdão... Falta pentear-me...
O pequeno príncipe não pôde conter toda a sua admiração:
— Como você é bela!
— Não sou mesmo? — respondeu, delicadamente, a flor.
— Nasci junto com o sol...

A amada compara os lábios de seu amado a lírios, *"que destilam mirra líquida"* (Ct 5, 13).

E o próprio Jesus nos convida a observar os lírios do campo: *"não fiam, nem tecem. Contudo, digo-vos: nem Salomão em toda a sua glória jamais se vestiu como um deles"* (Lc 12, 27).

Mas a *beleza* é frágil e deve-se levar em conta que sempre há um fim, que é preciso recomeçar, como o ciclo da natureza ensina. Quando anuncia que chegou a sua hora, Jesus diz:
"se o grão de trigo, caído na terra, não morrer, fica só; se morrer, produz muito fruto" (Jo 12, 24).

Também Paulo, na primeira carta aos Coríntios (1Cor 15, 35-38), usa a imagem da *semente* para explicar o mistério da morte e ressurreição:
"Mas, dirá alguém: 'Como ressuscitam os mortos? E com que corpo vêm?' Insensato! O que semeias não recobra vida, sem antes morrer. E, quando semeias, não semeias o corpo da planta que há de nascer, mas o simples grão, como o de trigo ou de alguma outra planta. Deus, porém, lhe dá o corpo como lhe apraz, e a cada uma das sementes o corpo da planta que lhe é própria."

O principezinho percebeu logo que, embora não fosse um modelo de modéstia, era muito tocante.

— Julgo estar na hora do café da manhã — acrescentou em seguida. — Tenha a bondade de pensar em mim.

O pequeno príncipe, todo embaraçado, saiu para buscar um regador de água fresca, com o qual serviu a flor.

Foi assim que não tardou para que ela se pusesse a atormentá-lo com sua vaidade, um pouco ciumenta. Certo dia, por exemplo, falando de seus quatro espinhos, disse ao pequeno príncipe:

— Que venham os tigres, com suas garras!

— Não há tigres em meu planeta — objetara o principezinho. — Além disso, os tigres não comem ervas do campo.

— Não sou erva do campo — respondeu com sutileza a flor.

— Perdoe-me...

— Não tenho medo nenhum dos tigres. Só sinto horror pelas correntes de ar... Por acaso você não tem um guarda-vento para mim?

"Horror pelas correntes de ar... Sem dúvida, má sorte para uma planta", observara o principezinho. "Como é complicada essa flor!"

— À noite , ponha-me numa redoma. Faz muito frio por aqui... A localização não é boa. O lugar de onde venho...

Mas ela interrompeu a fala. Chegara, porém, em forma de semente. Não pudera conhecer nada acerca de outros mundos. Sentindo-se humilhada, já que fora pega dizendo uma mentira

tão gratuita, soltou dois ou três pigarros, pensando em deixar o pequeno príncipe enganado:

— Esse guarda-vento?...

— Vou procurá-lo, mas de que me estava falando?

Naquele momento, ela tossiu forçadamente para infligir-lhe uma ponta de remorso.

Percebendo isso, o pequeno príncipe, apesar de toda a sua boa vontade, logo duvidou da sinceridade dela. Levara a sério demais palavras sem importância, e isso o tornava agora muito infeliz.

Certa vez, fez-me esta confidência:

— Nunca deveria ter-lhe dado ouvidos; nunca devemos ouvir o que dizem as flores. Devemos admirá-las e sentir seu perfume. Minha flor espalhara seu perfume sobre o planeta, mas eu não me rejubilava com isso. Essa conversa sobre as garras, que me deixou tão irritado, deveria ter-me feito compadecer...

Continuou a confidência:

— Nesse caso, não fui capaz de compreender nada! Deveria julgá-la com base nos atos e não nas palavras. A flor irradiava perfume e luz. Eu jamais deveria ter ido embora. Pelo contrário, deveria ter descoberto sua ternura oculta por trás de seus pobres artifícios. Quão contraditórias são as flores! Contudo, eu era ainda muito jovem para saber amá-la.

A Bíblia fala de muitas partidas, a começar pela de Abraão, convidado por Deus a sair de Ur para buscar a Terra Prometida (cf. Gn 12, 1). Deslocamentos que nunca são fáceis. Moisés conheceu bem isto: o Faraó não deixou seu povo ir para o deserto (cf. Ex 5, 2). Mas não se pode deter alguém contra a sua vontade e, portanto, o exército egípcio foi subjugado pelas águas do mar Vermelho (cf. Ex 14, 26-28).

Simão, Tiago e João deixaram tudo para seguir o Mestre (cf. Lc 5, 11). No entanto, Jesus disse: *"Para onde vou, vós não podereis ir."* E os judeus perguntam-se: *"Para onde irá ele, que o não possamos achar?"* (Jo 7, 34-35).

CAPÍTULO 9

Acredito que, para sua viagem, tenha se aproveitado da migração de pássaros selvagens. Na manhã de sua partida, pôs ordem em seu planeta. Limpou com cuidado os vulcões em atividade. Eram dois vulcões em atividade. Isso facilitava muito na hora de esquentar o café da manhã. Também havia um vulcão extinto. Dizia, porém: "Nunca se sabe o que pode acontecer!" Limpou igualmente o vulcão extinto. Uma vez bem limpos, os vulcões iluminam-se vagarosa e regularmente, sem erupções. Estas são como faíscas de chaminés. Evidentemente, em nossa Terra, somos de uma estatura demasiado pequena para fazer a limpeza dos vulcões. Por isso é que são causa de grande número de aborrecimentos.

O pequeno príncipe, picado por um resto de melancolia, eliminou os últimos rebentos de baobás. De fato, imaginava que, depois disso, não haveria retorno dos baobás. Naquela manhã, todos esses trabalhos corriqueiros lhe pareceram extremamente agradáveis. Quando regou pela última vez a flor, preparando-se para resguardá-la numa redoma, deu-se conta de que tinha ânsia de chorar.

— Adeus — disse à flor.

Mas ela não respondeu.

— Adeus — repetiu.

A flor tossiu. E não era porque estivesse resfriada...

— Fui tola — disse-lhe enfim. — Peço-lhe perdão. Trate de ser feliz.

A ausência de reprimenda o surpreendeu. Mantinha-se desconcertado, com a redoma na mão. Não era capaz de compreender o motivo dessa suave calmaria.

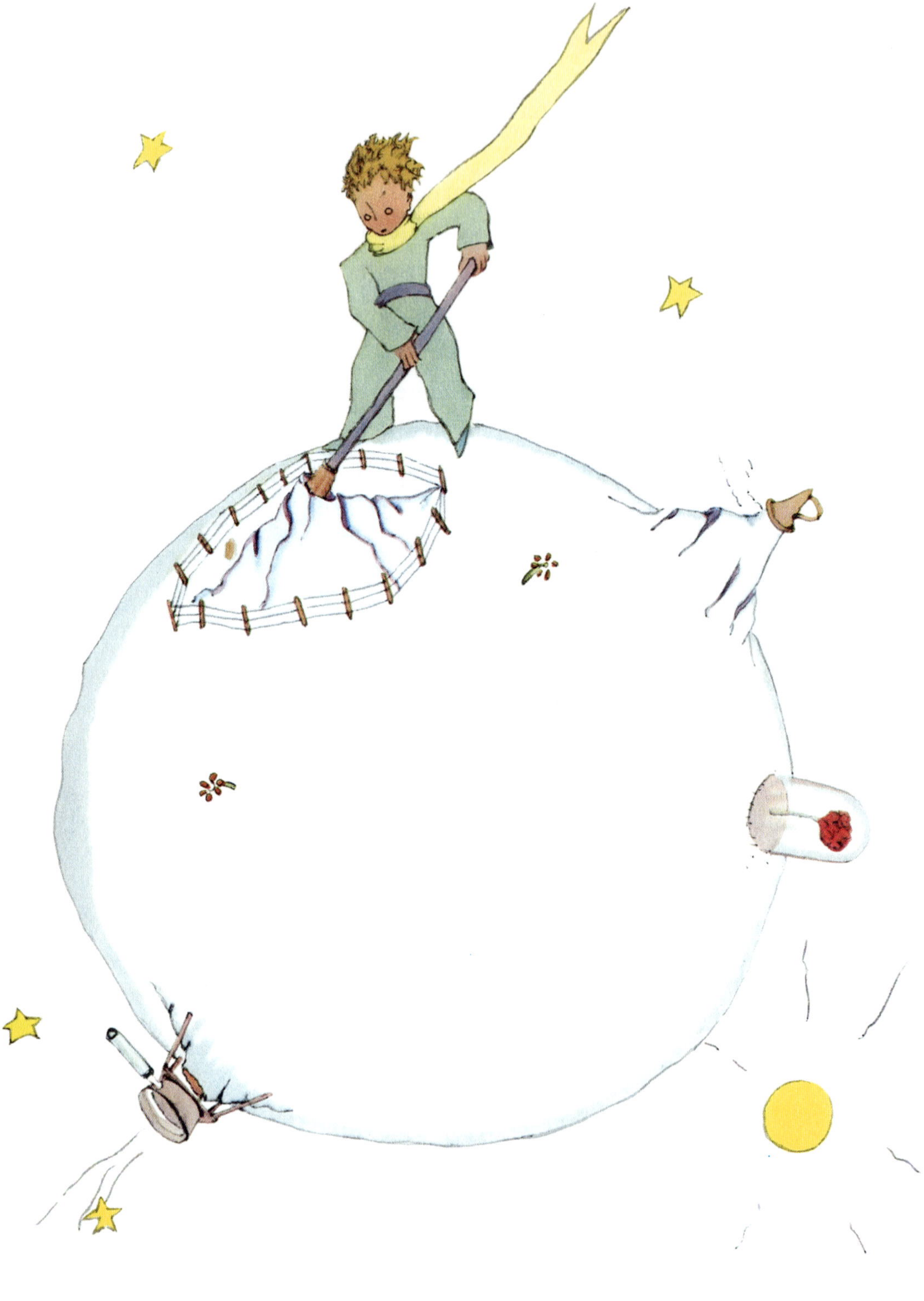

— Sim, eu o amo — disse-lhe a flor. — Foi por minha culpa que ficou sem saber de nada. Isso não tem importância nenhuma. Mas saiba que você foi tão tolo quanto eu. Trate de ser feliz... Deixe essa redoma para lá. Já não quero isso.

— Mas e o vento...

— Não estou tão resfriada assim... O frescor da noite me fará bem. Afinal, sou uma flor!

— Mas e os animais selvagens?

— É indispensável que eu saiba suportar duas ou três lagartas para conhecer as borboletas. Ao que parece, são muito belas. Se não for assim, quem irá visitar-me? Você já estará longe. Quanto aos animais truculentos, nada temo. Minhas garras estão aqui para isso.

Ingenuamente, ao dizer essas palavras mostrava seus quatro espinhos. Depois, acrescentou:

— Não perca tempo, é irritante. Decidiu partir? Vá!

Tudo isso porque não queria que ele a visse chorar. Era uma flor visivelmente bem orgulhosa...

Enquanto Jesus faz penitência no deserto, o diabo o leva consigo e o conduz a um monte muito alto, de onde lhe mostra todos os reinos do mundo. *"Todas estas coisas te darei se, lançando-te aos meus pés, me adorares"* (Mt 4, 9). Jesus não se deixa enganar e, depois de ter afastado Satanás, os anjos vêm servi-lo.

A consciência do que se é fortalece nas tentações e nas provações. No pretório, Pilatos pergunta a Jesus se ele é um rei. Jesus não nega a sua realeza, mas torna-a clara: *"O meu reino não é deste mundo"* (Jo 18, 36). E explica que a sua soberania tem apenas um objetivo: o de fazer prevalecer a verdade. Mas o procurador permanece fechado no seu próprio ceticismo. *"O que é a verdade"*, pergunta a si mesmo (Jo 18, 38). Para ele há ordens a serem dadas e executadas. O poder é precisamente isso, assim lhe foi ensinado. No entanto, sente que havia algo naquele homem que lhe escapava, algo que poderia ser muito importante. Por isso, não o queria matar. A multidão, porém, permanece na sua fúria. Então, Pilatos castiga Jesus, mas de maneira irônica para a multidão que tumultua o pátio de seu palácio: veste-o como um rei, com uma coroa de espinhos e um manto roxo. *"Eis o vosso rei"*, disse desdenhado da multidão, que esperava ter saciado o seu ódio. *"Crucifica-o!"* é o grito que responde. Pilatos finalmente cede, mas ordena que a inscrição *"Jesus de Nazaré, Rei dos Judeus"* seja colocada em cima da cruz (cf. Jo 19, 1-22).

CAPÍTULO 10

Achava-se na região dos asteroides 325, 326, 327, 328, 329 e 330. Começou, então, por visitar um por um, à procura de ocupação e de instrução.

O primeiro era habitado por um rei. Este se apresentava vestido de púrpura e de arminho, sentado em um trono muito simples, no entanto majestoso.

— Ah! Aqui está um súdito! — exclamou o rei, quando percebeu a chegada do pequeno príncipe.

E o pequeno príncipe perguntou-se: "Como é possível que me reconheça se nunca me viu?"

Ele não sabia que, para os reis, o mundo é a coisa mais simples que existe. Todo homem é súdito do rei.

— Aproxime-se para que eu o veja melhor — disse-lhe o rei, orgulhoso porque finalmente encontrara alguém sobre o qual reinar.

O pequeno príncipe procurou com o olhar onde poderia sentar-se. Mas o planeta estava todo ocupado pelo magnífico manto de arminho real. Ficou, pois, de pé. E, fatigado como estava, bocejou.

— É contrário à etiqueta bocejar na presença do rei — disse-lhe o monarca. — Eu o proíbo de fazê-lo.

— Não tenho como evitar — respondeu o pequeno príncipe, profundamente incerto. — Fiz uma grande viagem e ainda não descansei...

— Então — disse-lhe o rei —, dou-lhe ordem de bocejar. Faz anos que não vejo ninguém bocejar. Os bocejos são uma curiosidade para mim. Vamos, então! Boceje de novo!

— Fico constrangido... Já não consigo... — foi o que respondeu o pequeno príncipe, corando.

— Hum! Hum! — respondeu o rei. — Então, eu... ordeno que volte a bocejar. E que...

Ele gaguejava um pouco, parecendo estar vexado.

Isso porque o rei essencialmente fazia questão de que sua autoridade fosse respeitada. Não tolerava desobediência. Era um monarca absoluto. Mas, como era muito bom, dava sempre ordens razoáveis:

— Quando ordeno — dizia com frequência — a um general que se transforme em pássaro do mar, se ele não me obedece, a culpa será minha, e não do general.

— Posso me sentar? — inquiriu, timidamente, o pequeno príncipe.

— Eu te ordeno que sente-se — respondeu o rei, enquanto recolhia majestosamente um pedaço do seu manto de arminho, para abrir espaço.

Mas o pequeno príncipe estava surpreso. O planeta era mesmo minúsculo. Sobre quem o soberano poderia reinar?

— Majestade... — disse ele — peço-lhe perdão por fazer uma pergunta...

— Eu lhe ordeno que pergunte — respondeu imediatamente o rei.

— Majestade... sobre quem reina?

— Sobre tudo — respondeu o rei, com enorme simplicidade.

— Sobre tudo?

Com um gesto discreto, o rei apontou na direção de seu planeta, dos demais planetas e das estrelas.

— Sobre isso tudo? — perguntou o pequeno príncipe.

— Sobre tudo isso... — respondeu o rei.

De fato, além de monarca absoluto, era monarca universal.

— E também as estrelas lhe obedecem?

— É incontestável — disse o rei. — Obedecem-me imediatamente. Não tolero indisciplina.

O pequeno príncipe ficou maravilhado à vista de tal poder.

Se ele, pequeno príncipe, desfrutasse de tal poder, poderia assistir mais de 44 vezes ao pôr do sol; talvez 62, quem sabe cem, ou mesmo duzentas vezes ao pôr do sol em um mesmo dia, sem sequer arrastar a cadeira do lugar! Dado que estava um pouco triste, ao lembrar-se do seu pequeno planeta abandonado, teve a audácia de solicitar uma graça do rei:

— Desejo ver um pôr do sol... Peço que me faça este favor... Ordene ao sol que se ponha...

— Se eu comunicasse a um general a ordem de voar de flor em flor, como se fosse uma borboleta, ou de escrever uma tragédia, ou de transformar-se em pássaro do mar, de quem seria a culpa, caso esse general não executasse a ordem recebida?

— Seria de Vossa Majestade — afirmou decididamente o pequeno príncipe.

— Exato. Deve exigir-se de cada um somente aquilo que é capaz de fazer — continuou o rei. — A autoridade está baseada principalmente na razão. Se você desse a seu povo a ordem de lançar-se ao mar, estouraria uma revolução. Tenho o direito de exigir obediência porque as minhas ordens são razoáveis.

— Está bem. E o que diz do meu pôr do sol? — Como já foi dito, o pequeno príncipe sempre insistia até que se respondesse à sua pergunta.

— Quanto ao pôr do sol, você o terá. Exigirei que isso aconteça. Contudo, inspirado em minha ciência de governo, esperarei que as condições sejam favoráveis para isso.

— Quando, então, seria? — inquiriu o pequeno príncipe.

— Bem, bem! — respondeu o rei, consultando a seguir um grande calendário. — Isso acontecerá aproximadamente... aproximadamente... esta noite, mais ou menos às 7h40! E você verá como me obedecem.

O pequeno príncipe bocejou. Lamentou seu pôr do sol perdido. Além disso, estava um pouco entediado.

— Não tenho mais nada a fazer aqui — disse ao rei. — Vou partir novamente!

— Não vá embora — respondeu o rei, que se alegrava muito de ter um súdito. — Não vá embora, que o faço ministro!

— Ministro de quê?

— Da... Justiça!

— Como assim? Não há ninguém para julgar!

— Nunca se sabe — foi o que disse o rei. — Ainda não explorei todo o meu reino. Sou muito velho, e aqui não há espaço para uma carruagem; fico cansado ao caminhar.

— Oh! Mas eu já vi — respondeu o pequeno príncipe, que debruçou para ter uma visão de conjunto, olhando também para o outro lado do planeta. — Lá adiante também não há ninguém...

— Então você poderá julgar a si mesmo — respondeu o rei.

— É a parte mais difícil. Sem dúvida, é bem mais difícil julgar-se a si mesmo do que aos outros. Se conseguir fazê-lo, provará que é um verdadeiro sábio.

— Bem, sou capaz de fazer um juízo sobre mim em qualquer ponto em que esteja. Não é preciso que more aqui para isso.

— Bem, bem! — disse o rei. — Acredito que em algum canto do meu planeta viva um velho rato. À noite, ouço-o por aqui. Pode julgá-lo. De quando em quando, você o condenará à morte. Assim, a vida do rato dependerá da sua justiça. Entretanto, concederá o perdão toda vez que o tiver condenado por uma questão de economia; ele só tem uma vida.

— Não gosto de condenar ninguém à morte — respondeu o pequeno príncipe. — Acho melhor ir embora.

— Não — disse o rei.

Contudo, o pequeno príncipe, tendo concluído seus preparativos, não quis continuar a incomodar o velho monarca:

— Se Vossa Majestade desejasse ser fielmente obedecida, poderia dar-me uma ordem razoável. Dê-me, por exemplo, ordem de partir em menos de um minuto. Creio que as condições sejam favoráveis...

Como o rei ficou em silêncio, o pequeno príncipe vacilou inicialmente; em seguida, com um suspiro, foi saindo.

— Faço de você meu embaixador — exclamou prontamente o rei. Ao dizer isso, ostentava grande autoridade.

"As pessoas crescidas são mesmo bem estranhas", disse o pequeno príncipe a si mesmo durante a viagem.

"*Vaidade das vaidades, tudo é vaidade*", diz Eclesiastes (1, 2). O homem vão persegue o vento, repete várias vezes o autor do livro. Até os ídolos — diz agora o livro da Sabedoria — foram criados para a vaidade do homem (Sb 14, 14). O homem que se afasta de Deus e persegue as ilusões, transforma-se ele mesmo em vaidade, e torna-se ridículo (Jr 2, 5; 10, 15). Barnabé e Paulo gritam nas ruas de Listra (cf. At 14, 15), mas são confundidos com Zeus e Hermes. Na carta aos Efésios (4, 17), o apóstolo dos gentios implora: "*Não se comportem mais como pagãos com seus pensamentos vãos.*"

A admiração é um sentimento que pode se tornar insalubre. O Apocalipse (13, 3) nos adverte, com sua linguagem imaginativa, quando descreve o monstro de dez chifres e sete cabeças: "*Toda a terra, admirada, foi atrás da besta.*" Portanto, Eclesiástico (11, 21) recomenda: "*Não prestes atenção ao que fazem os pecadores; põe tua confiança em Deus, e limita-te ao que fazes.*"

CAPÍTULO 11

O segundo planeta era habitado por um vaidoso.

— Ah! Ah! Eis a visita de um admirador! — exclamou de longe o vaidoso, tão logo notou a entrada do pequeno príncipe. Isso porque, para os vaidosos, os outros homens são sempre seus admiradores.

— Bom dia — disse o pequeno príncipe. — Você tem um chapéu engraçado!

— É para cumprimentar as pessoas — respondeu-lhe o vaidoso. — É para cumprimentar quando me aclamam. Infelizmente, nunca passa ninguém por aqui.

— É assim? — disse o pequeno príncipe, que não compreendeu coisa alguma.

— Esfregue as mãos uma na outra — aconselhou, então, o vaidoso.

O pequeno príncipe esfregou as mãos uma na outra. O vaidoso cumprimentou-o com modéstia tirando o chapéu.

"Isso é bem mais divertido que a visita ao rei", disse-se a si mesmo o pequeno príncipe. E voltou a esfregar uma mão contra a outra. Por sua vez, o vaidoso repetiu o gesto de cumprimentá-lo, tirando o chapéu.

Após cinco minutos desse exercício, o pequeno príncipe cansou-se pela monotonia da brincadeira:

— Para que o chapéu caia — perguntou —, o que devo fazer?

O vaidoso, porém, não o ouviu. Os vaidosos só ouvem os elogios.

— Você me admira muito mesmo? — perguntou ao pequeno príncipe.

— Que significa admirar?

— Admirar significa reconhecer que eu sou o mais belo, o mais bem vestido, o mais rico e o mais inteligente homem de todo o planeta.

— Mas o senhor está sozinho no planeta!...

— Dê-me esse prazer admirando-me mesmo assim!

— Eu o admiro — disse o pequeno príncipe, dando levemente de ombros. — Mas por que isso pode realmente interessá-lo?

E o pequeno príncipe se foi.

"As pessoas crescidas são, decididamente, muito bizarras", disse com simplicidade para si durante a viagem.

No lamento de Jeremias (20, 18), encontramos esta expressão:

"Por que saí do útero? Para só contemplar tormentos e misérias, e na vergonha consumir meus dias?"

Habacuc adverte (2, 15-16):
"Ai daquele que dá de beber aos outros,
misturando à bebida um veneno que os embriague,
para ver a sua nudez!
Serás saciado de opróbrio, não de glória;
bebe, também tu, e embriaga-te!
Voltar-se-á sobre ti a taça apresentada pela mão do Senhor,
e a abjeção cairá sobre a tua glória."

Jesus usa de palavras fortes para estremecer aqueles que se voltam para trás. *"Deixe que os mortos sepultem seus próprios mortos"*, diz ele; quando se coloca a mão no arado — acrescenta — não se deve olhar para trás (cf. Lc 9, 60-62).

Costuma-se beber, muitas vezes, para esquecer o motivo de estar descontente com a vida. Refugiar-se no álcool é, portanto, uma forma de sentir pena de si mesmo. Mas Paulo, na primeira carta aos Coríntios (cf. 1Cor 15, 19) — onde também dá sermões aos bêbados (cf. 1Cor 11, 20-22) —, explica que só aqueles que não creem na ressurreição devem lamentar-se.

CAPÍTULO 12

O planeta seguinte era habitado por um beberrão. Esta visita foi bem curta, provocou no pequeno príncipe uma grande melancolia.

— O que faz aí? — perguntou ao beberrão, que se mantinha em silêncio diante de uma pilha de garrafas vazias e de uma pilha de garrafas cheias.

— Bebo — respondeu o beberrão, com aparência lúgubre.

— Por que bebe? — perguntou o pequeno príncipe.

— Para esquecer — respondeu o bêbado.

— Para esquecer o quê? — inquiriu o pequeno príncipe, que já sentia pena dele.

— Para esquecer que tenho vergonha — confessou o beberrão, baixando a cabeça.

— Vergonha de quê? — inquiriu o pequeno príncipe, que desejava socorrê-lo.

— Vergonha de beber! — concluiu o beberrão, que se recolheu definitivamente ao silêncio.

E, perplexo, o pequeno príncipe partiu.

"As pessoas crescidas são decididamente muito, muito bizarras", disse-se a si mesmo durante a viagem.

Há uma recomendação de Jesus:

"Não ajunteis para vós tesouros na terra, onde a ferrugem e as traças corroem, onde os ladrões furtam e roubam. Ajuntai para vós tesouros no céu, onde não os consomem nem as traças nem a ferrugem, e os ladrões não furtam nem roubam. Porque onde está o teu tesouro, lá também está teu coração." (Mt 6, 19-21)

Não se trata apenas de uma questão moral, mas de puro raciocínio, pois — salienta Jesus — *"quem de vós, por mais que se esforce, pode acrescentar um só côvado à duração de sua vida?"* (Mt 6, 27).

Para a multidão que o ouve, ele oferece comparações:

"Não se vendem cinco pardais por dois asses? E, entretanto, nem um só deles passa despercebido diante de Deus. Até os cabelos da vossa cabeça estão todos contados. Não temais: mais valor tendes vós do que numerosos pardais!" (Lc 12, 6-7)

Mas entre os ouvintes há aqueles que têm dificuldade para entender e, por isso, fazem um pedido impróprio para Jesus:

"'Mestre, dize a meu irmão que reparta comigo a herança.' Jesus respondeu-lhe: 'Meu amigo, quem me constituiu juiz ou árbitro entre vós?' E disse então ao povo: 'Guardai-vos escrupulosamente de toda a avareza, porque a vida de um homem, ainda que ele esteja na abundância, não depende de suas riquezas.'

CAPÍTULO 13

O quarto planeta era o do homem de negócios, que estava tão ocupado que mal levantou a cabeça à chegada do pequeno príncipe.

— Bom dia — disse-lhe este. — Seu cigarro está apagado!

— Três mais dois são cinco. Cinco mais sete são doze. Doze mais três são quinze. Bom dia. Quinze mais sete são vinte e dois. Vinte e dois mais seis são vinte e oito. Não tenho tempo para reacender. Vinte e seis mais cinco são, trinta e um. Ufa! Isso dá, então, o total de quinhentos e um milhões, seiscentos e vinte e dois mil, setecentos e trinta e um!

— Quinhentos milhões de quê?

— Hem? Você ainda está aqui? Quinhentos milhões de... Já não sei mais... Trabalhei demais! Sou pessoa séria, não gosto de futilidades! Dois mais cinco são sete...

— Quinhentos milhões de quê? — repetiu o pequeno príncipe, que jamais desistira de uma pergunta até obter resposta.

O empresário levantou a cabeça:

— Faz 54 anos que moro neste planeta. Desde então, só fui incomodado três vezes. Na primeira, há 22 anos, por um besouro que não se sabe de onde caiu. Fazia um barulho pavoroso, e, por causa disso, cometi quatro erros de adição. Na segunda, há 11 anos, por uma crise de reumatismo, já que não faço exercícios. Não tenho tempo para perambular por aí. Sou sério. Na terceira vez... Bem, é esta! Como estava dizendo, então, quinhentos milhões...

— Milhões de quê?

O homem de negócios compreendeu que não havia esperança de paz:

E propôs-lhes esta parábola: 'Havia um homem rico cujos campos produziam muito. E ele refletia consigo: Que farei? Porque não tenho onde recolher a minha colheita. Disse, então: Farei o seguinte: derrubarei os meus celeiros e construirei maiores; neles recolherei toda a minha colheita e os meus bens. E direi à minha alma: ó minha alma, tens muitos bens em depósito para muitíssimos anos; descansa, come, bebe e regala-te. Deus, porém, lhe disse: Insensato! Nesta noite ainda exigirão de ti a tua alma. E as coisas que ajuntaste de quem serão? Assim acontece ao homem que entesoura para si mesmo e não é rico para Deus.' (Lc 12, 13-21)

Jesus também adverte na parábola do semeador:
"Os cuidados do mundo e a sedução das riquezas sufocam a Palavra e a tornam infecunda." (Mt 13, 22)

Mas já em Habacuc (2, 5), encontramos palavras duras para os que reduzem a vida a um exercício de **aritmética de ter**:
"A riqueza rende a perfídia;
o soberbo não se satisfaz,
dilata a goela como os infernos
e se mostra tão insaciável como a morte."

"Onde deixareis vossas riquezas?", Isaías pergunta (10, 3). E Eclesiástico observa como *"o olhar do avarento é insaciável, só fica satisfeito quando tiver ressecado e consumido a sua alma"* (Eclo 14, 9), e como *"as vigílias para enriquecer ressecam a carne, e as preocupações que elas trazem tiram o sono"* (Eclo 31, 1). Em Provérbios (11, 28) está escrito que *"quem confia em sua riqueza cairá"*.

— Milhões dessas coisinhas insignificantes que se veem algumas vezes no céu.

— Moscas?

— Não, coisinhas insignificantes que cintilam.

— Abelhas?

— Não. Coisinhas douradas que levam os desocupados ao devaneio. Eu, porém, sou sério! Não tenho tempo para devaneios.

— Ah! Seriam as estrelas?

— Exatamente isso. Estrelas.

— E que fazes com quinhentos milhões de estrelas?

— Quinhentos e um milhões, seiscentas e vinte e dois mil, setecentos e trinta e uma. Sou sério, sou preciso.

— O que faz com essas estrelas?

— O que faço?

— Sim.

— Nada. Eu as possuo.

— Você possui as estrelas?

— Sim.

— Mas já vi um rei que...

— Os reis não possuem. Eles "reinam" sobre... É bem diferente.

— E para que lhe serve possuir as estrelas?

— Serve para tornar-me rico.

— E para que serve

— Para comprar outras estrelas, se alguém as encontrar.

"Este homem", disse-se o pequeno príncipe a si mesmo, "raciocina mais ou menos como faz o bêbado com quem conversei há pouco."

No entanto, fez-lhe outras perguntas.

— Como alguém pode possuir as estrelas?

— De quem são? — replicou, embirrado, o homem de negócios.

— Não sei. De ninguém.

— Então, são minhas. Fui eu quem pensou primeiro.

— Isso basta?

— Claro! Se você encontrar um diamante que não é de ninguém, ele é seu. Se encontrar uma ilha que não é de ninguém, também se torna seu dono. Se for o primeiro a ter uma ideia, é sua a patente. Eu possuo as estrelas porque ninguém, antes de mim, jamais pensou em possuí-las.

— Isso é verdade — disse o pequeno príncipe. — E o que faz com elas?

— Eu as administro. Faço e refaço o inventário delas — disse o homem de negócios. — É tarefa difícil. Mas sou um homem sério!

O pequeno príncipe ainda não se deu por satisfeito:

— Se possuo um lenço, enrolo-o em volta do pescoço, levando-o comigo. Se eu tiver uma flor, colho-a e levo-a comigo. Mas você não é capaz de recolher as estrelas...

— Não, mas posso depositá-las no banco.

— Que quer dizer isso?

— Quer dizer que escrevo num papelucho o número de minhas estrelas; e depois guardo numa gaveta esse papel, fechado à chave.

— Só isso?

— É o que basta.

"É divertido", pensou o pequeno príncipe, "é bem poético, mas não é lá muito sério."

A respeito das coisas sérias, o pequeno príncipe tinha ideias muito diferentes das que tinham as pessoas crescidas.

— Possuo uma flor que rego todos os dias. Possuo três vulcões que limpo todas as semanas. Isso porque limpo também o que está extinto. Nunca sabemos o futuro. É útil para meus vulcões, assim como é útil para minha flor, que eu os possua. Mas você não é útil para as estrelas.

O homem de negócios abriu a boca, mas não soube o que dizer. Então, o pequeno príncipe se foi.

"As pessoas crescidas, decididamente, são muito esquisitas", dizia a si mesmo, de modo simples, durante a viagem.

Até Deus, no sétimo dia, decidiu descansar (cf. Gn 2, 2). O *descanso* é sagrado, tanto que foi recomendado pelo Senhor a Moisés, nas tábuas dos Dez Mandamentos:

"Trabalharás durante seis dias, e farás toda a tua obra. Mas no sétimo dia, que é um repouso em honra do Senhor, teu Deus, não farás trabalho algum, nem tu, nem teu filho, nem tua filha, nem teu servo, nem tua serva, nem teu animal, nem o estrangeiro que está dentro de teus muros." (Ex 20, 9-10)

No entanto, muitas vezes o *trabalho* é usado para escravizar, como o faraó fez com o povo de Israel, ao ordenar: *"Que sejam sobrecarregados de trabalhos, ocupem-se eles de suas tarefas!"* (Ex 5, 9). Um risco que afeta a todos; Salomão, que também é considerado justo, obriga milhares de homens a fazer trabalhos forçados para construir o grande templo em Jerusalém. Mesmo depois da obra concluída, conforme relata o primeiro livro das Crônicas (cf. 1Cr 9, 13), milhares de pessoas tiveram de prestar seus serviços no templo.

Hoje, o conselho de Eclesiástico (33, 25-26) nos parece odioso: *"Para o jumento o feno, a vara e a carga. Para o escravo o pão, o castigo e o trabalho. O escravo só trabalha quando corrigido, e só aspira ao repouso; afrouxa-lhe a mão, e ele buscará a liberdade."*

Claro, às vezes o excesso de trabalho deve ser levado em consideração, especialmente nas emergências a serem superadas. Neemias (4, 16) relata que, durante o cerco dos amonitas, trabalhava-se em Jerusalém durante o dia para fortalecer os muros da cidade, enquanto à noite vigiavam.

CAPÍTULO 14

O quinto planeta era muito curioso. Era o menor de todos. Nele cabiam apenas o lampião de rua e um acendedor de lampiões. O pequeno príncipe não era capaz de entender de que utilidade seriam um lampião e um acendedor de lampiões, perdidos em alguma região do céu, num planeta sem casas nem população. No entanto, disse em seu íntimo:

"Talvez seja despropositado este homem. Entretanto, menos do que o rei, do que o vaidoso, do que o homem de negócios e do que o beberrão. Ao menos, o trabalho que executa faz sentido. Quando acende o lampião, é como se fizesse nascer mais uma estrela, ou uma flor. Quando apaga o lampião, a flor, ou a estrela, adormece. É uma ocupação muito bela. É verdadeiramente útil, porque é bonita."

Quando entrou em contato com o planeta, cumprimentou respeitosamente o acendedor de lampiões:

— Bom dia! Por que apagou o lampião?

— É a instrução recebida — respondeu o homem que acende o lampião. — Bom dia!

— Que é essa instrução?

— É a de apagar o lampião. Boa noite!

Ele acendeu-o de novo.

— Mas, então, por que o acendeu novamente?

— É a instrução recebida — respondeu o homem.

— Não compreendo — disse o pequeno príncipe.

— Não há nada que compreender — disse o homem. — A instrução é a instrução. Bom dia.

E apagou o lampião.

Em seguida, enxugou o suor do rosto com um lenço de pano quadriculado vermelho.

Jesus, como sempre, inverte a perspectiva e dá um aspecto positivo a tudo. O trabalho não é escravidão, mas liberdade; é a oportunidade que todo homem deve ter para se realizar. Na parábola do administrador sábio, Jesus exalta um trabalho bem feito:

"Feliz daquele servo que o senhor achar procedendo assim, quando vier! Em verdade vos digo: confiar-lhe-á todos os seus bens." (Lc 12, 43-44)

Em Jesus, o trabalho não é simplesmente a produção de bens ou dinheiro; a dimensão de gratuidade que deve conter é sempre preservada. *"Enviei-vos a ceifar onde não tendes trabalhado; outros trabalharam, e vós entrastes nos seus trabalhos"*, diz ele aos samaritanos (Jo 4, 38). Só Deus dá, por isso pode dar-se ao luxo de ser magnânimo para além dos limites do nosso senso comum, como acontece com os trabalhadores da última hora, a quem Ele dá o salário igual ao de quem foi chamado a enxadar na vinha desde o amanhecer (cf. Mt 20, 1-16).

Em Deus não existem ordens que ultrapassam a dignidade do homem: *"O sábado foi feito para o homem e não o homem para o sábado!"* e *"o Filho do homem também é senhor do sábado"* (Mc 2, 27-28).

— O ofício que exerço é terrível. Antigamente era razoável. Apagava pela manhã e acendia à noite. Sobrava todo o resto do dia para descansar e o resto da noite para dormir.

— E a partir de então mudou a instrução recebida?

— A instrução não mudou — disse o homem —, essa é a questão! De ano em ano, o planeta gira mais rapidamente, mas a instrução nunca muda!

— E então? — disse o pequeno príncipe.

— O que acontece agora é que o planeta dá uma volta por minuto, e por isso já não tenho um segundo para descansar. Acendo e apago a cada minuto!

— Que coisa engraçada! Quer dizer que no lugar onde você vive os dias duram só um minuto!

— Não é tão engraçado assim — respondeu o homem. — Já estamos conversando há um mês.

— Há um mês?

— Sim. Trinta minutos. Trinta dias. Boa noite!

E voltou a acender o lampião.

O pequeno príncipe examinou-o atentamente e gostou desse homem, que era inteiramente fiel à instrução recebida. Lembrou-se das vezes em que procurava o pôr do sol arrastando um pouco a sua cadeira. Quis, portanto, ajudar o amigo:

— Veja bem... Conheço um modo de fazer com que descanse quando quiser...

— É que o quero sempre — disse o homem.

De fato, uma pessoa pode, ao mesmo tempo, ser fiel executor e preguiçoso.

O pequeno príncipe prosseguiu:

— Seu planeta é tão diminuto que, dando três passos, já se faz a volta inteira. Sendo assim, é só caminhar bem devagar e ficará sempre exposto ao sol. Quando quiser repousar, caminhará... e o dia durará o tempo que desejar.

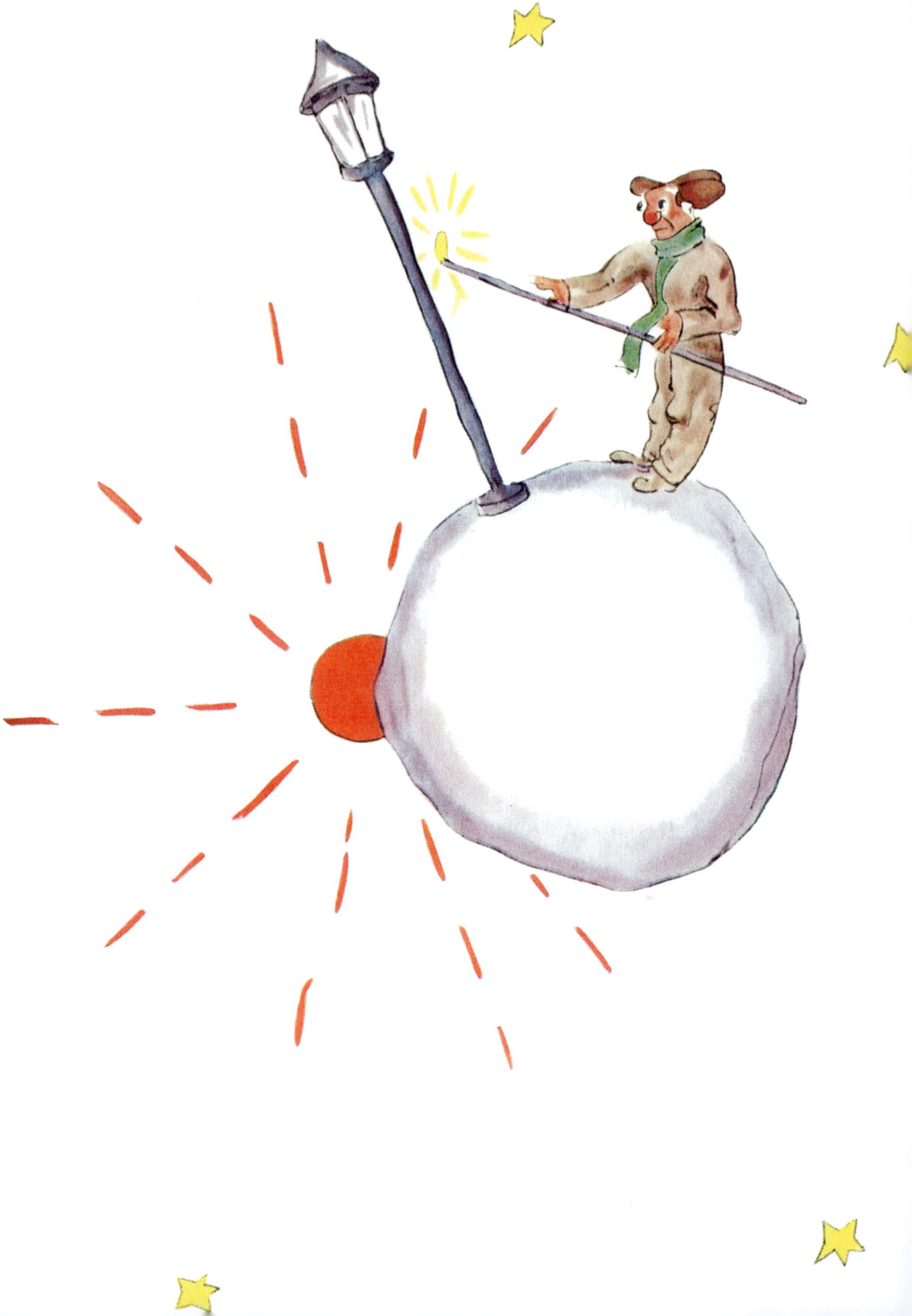

— Isso não me adianta muito — disse o homem —, o que aprecio mais na vida é dormir!

— Falta de sorte — disse o pequeno príncipe.

— Falta de sorte — disse o homem. — Bom dia!

E apagou o lampião.

"Esse aí", pensou consigo o pequeno príncipe, enquanto continuava o percurso de sua viagem, "será desprezado por todos os outros: pelo rei, pelo vaidoso, pelo beberrão, pelo homem de negócios. No entanto, é o único que não me parece ridículo. Talvez porque se interesse mais por outras coisas do que por si."

Soltou um suspiro de lamentação e continuou a pensar:

"Aquele é o único que poderia tornar-se meu amigo. Pena que seu planeta seja pequeno demais. Ali não existe lugar para dois..."

O que o pequeno príncipe não ousava confessar é que sentia falta desse planeta bendito, sobretudo, por causa das mil quatrocentos e quarenta vezes em que se punha o sol, a cada vinte e quatro horas!

No Antigo Testamento a sabedoria é exaltada:
"Mais ágil que todo o movimento é a sabedoria, ela atravessa e penetra tudo, graças à sua pureza. Ela é um sopro do poder de Deus, uma irradiação límpida da glória do Todo-poderoso; assim mancha nenhuma pode insinuar-se nela." (Sb 7, 24-25)

No entanto, Jesus diz que Deus esconde a sua verdade dos sábios e instruídos e a revela aos pequeninos (cf. Lc 10, 21).

Tiago (cf. 3, 13-18) tenta, então, explicar o que é a verdadeira sabedoria. O sábio, diz ele, deve ser humilde, não o que se vangloria, não tem o espírito da discórdia, não conhece o ciúme, não tem atitudes hipócritas e semeia a paz. Até Paulo em Colossenses (cf. 2, 23) diz que aqueles que se fecham em prescrições externas têm apenas uma aparência de sabedoria, que serve unicamente para satisfazer a própria vanglória. Na primeira carta aos Coríntios o tema da sabedoria retorna continuamente. Um assunto escorregadio, cheio de armadilhas e enganos. De fato, *"o mundo, com toda a sua sabedoria, não reconheceu a Deus"* e *"aprouve a Deus salvar os crentes pela loucura"* (1Cor 1, 21). Daí a recomendação paulina (1Cor 3, 18-19):
"Ninguém se engane a si mesmo. Se alguém dentre vós se julga sábio à maneira deste mundo, faça-se louco para tornar-se sábio, porque a sabedoria deste mundo é loucura diante de Deus; pois, está escrito: ele apanhará os sábios na sua própria astúcia."

Quem disse que a sabedoria não pode ser conciliada com a beleza? *"Apaixonei-me pela sua beleza"*, exclama o autor sagrado que descreve a sabedoria (Sb 8, 2).

CAPÍTULO 15

O sexto planeta era dez vezes maior. Era habitado por um senhor que escrevia em enormes livros.

— Veja! Aqui está um explorador! — exclamou o senhor, ao avistar o pequeno príncipe.

O pequeno príncipe sentou-se à mesa e respirou um pouco. Viajara tanto!

— De onde vem? — perguntou o velho senhor.

— O que é esse livro grosso? — disse o pequeno príncipe.

— O que o senhor faz aqui?

— Sou geógrafo — respondeu o velho senhor.

— Que é um geógrafo?

— É um sábio que conhece a localização dos mares, dos rios, das cidades, das montanhas e dos desertos.

— É bem interessante — disse o pequeno príncipe. — Enfim, uma verdadeira profissão!

Ao dizer isso, percorreu com os olhos o planeta do geógrafo. Jamais vira planeta tão majestoso.

— É muito belo o seu planeta. Tem oceanos?

— Não há como saber — respondeu o geógrafo.

— Ah! — o pequeno príncipe estava decepcionado. — E montanhas?

— Não há como saber — respondeu o geógrafo.

— E cidades, rios e desertos?

— Tampouco há como saber — disse o geógrafo.

— Mas o senhor não é geógrafo?!

— Precisamente — disse o geógrafo —, mas não sou explorador. Tenho absoluta falta de exploradores. Não é ao geógrafo que compete fazer o levantamento das cidades, dos rios, das montanhas, dos mares, dos oceanos e dos desertos. O geógrafo é uma pessoa de muita importância para ficar perambulando por aí. Nunca sai do escritório. Mas ele recebe os exploradores.

Eclesiástico (24, 16) imagina a sabedoria exaltando-se a si mesma, ao comparar-se a uma planta ornamental:
"Estendi meus galhos como um terebinto, meus ramos são de honra e de graça."

Em Oseias (14, 6-7), lemos:
"Serei para Israel como o orvalho;
ele florescerá como o lírio,
e lançará raízes como o álamo.
Seus galhos estender-se-ão ao longe,
sua opulência se igualará à da oliveira
e seu perfume será como o odor do Líbano."

Basicamente, tudo é efêmero em relação a Deus:
"De manhã à noite o tempo muda, tudo é efêmero diante do Senhor." (Eclo 18, 26)

Paulo tem algumas palavras esclarecedoras sobre o momentâneo e o definitivo, o visível e o invisível, o provisório e o eterno. Dimensões muito menos distantes umas das outras do que imaginamos:
"Ainda que exteriormente se desconjunte nosso homem exterior, nosso interior renova-se dia a dia. A nossa presente tribulação, momentânea e ligeira, nos proporciona um peso eterno de glória incomensurável. Porque não miramos as coisas que se veem, mas sim as que não se veem. Pois as coisas que se veem são temporais e as que não se veem são eternas." (2Cor 4, 16-18)

Interroga-os e toma nota de tudo o que contam. E, quando o relato de alguém lhe parece interessante, o geógrafo ordena uma pesquisa sobre a idoneidade do explorador.

— Por que isso? — perguntou o pequeno príncipe.

— Porque um explorador mentiroso provocaria catástrofes nos livros de geografia. O mesmo aconteceria com um explorador que bebesse demais.

— Por quê? — indagou o pequeno príncipe.

— Porque os bêbados veem em dobro. Neste caso, o geógrafo indicaria duas montanhas em lugar de uma.

— Conheço um — disse o pequeno príncipe — que seria um mau explorador.

— É possível. Portanto, quando a idoneidade do explorador é segura, faz-se uma pesquisa sobre sua descoberta.

— E me mostrará isso?

— Não, é excessivamente complicado. Mas se exige do explorador que forneça provas. Quando, por exemplo, se trata da descoberta de uma grande montanha, exige-se que ele traga grandes pedras.

Subitamente, o geógrafo impressionou-se.

— Bem, você vem de longe! É um explorador! Descreverá seu planeta!

E, apanhando o caderno de anotações, o geógrafo apontou o lápis. Numa primeira redação, os relatos dos exploradores são a lápis. Só depois de o explorador ter fornecido as comprovações pedidas, é que as anotações são feitas a tinta.

— E então? — perguntou o geógrafo.

— Oh! O lugar onde vivo — respondeu o pequeno príncipe — não é muito interessante; lá é tudo pequeno. Existem três vulcões, dois em atividade e um extinto. Mas nunca se sabe o que pode acontecer...

— Nunca se sabe — disse o geógrafo.

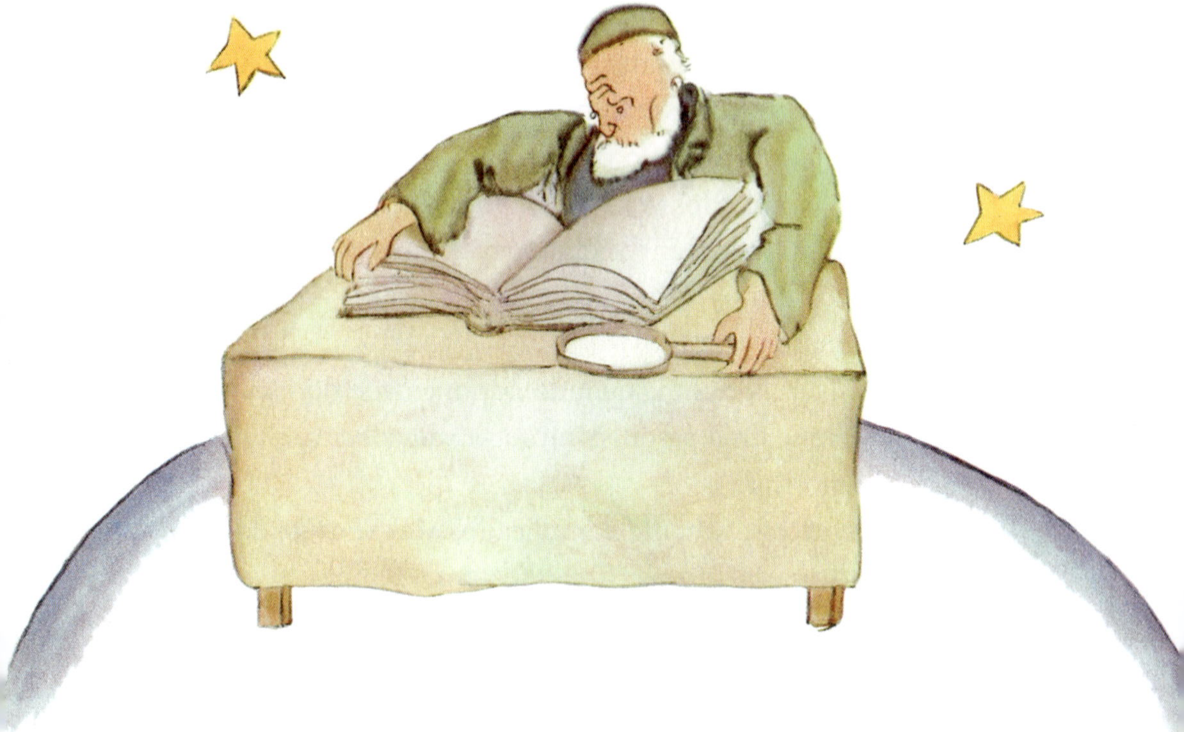

— Tenho também uma flor.

— Não prestamos atenção às flores — disse o geógrafo.

— Por que isso? É o que há de mais belo!

— Porque as flores são efêmeras.

— Que significa "efêmero"?

— Os livros de geografia — disse o geógrafo — são os mais preciosos de todos. Nunca perdem a atualidade. É muito raro que uma montanha se mude de lugar. É muito raro que acabe a água de um oceano. Registramos coisas eternas.

— Mas os vulcões extintos podem voltar à atividade — interrompeu-o o pequeno príncipe. — Que significa "efêmero"?

— Quer os vulcões estejam extintos, quer estejam em atividade, não há diferença para nós — disse o geógrafo. — O que tem valor para nós é a montanha. Essa não muda.

— Mas o que significa "efêmero"? — repetia o pequeno príncipe, que, em toda a vida, jamais deixara de insistir enquanto não lhe dessem resposta.

— Significa que "está ameaçado de desaparecimento próximo".

— Minha flor está "ameaçada de desaparecimento próximo"?

— Certamente!

"Minha flor é efêmera", disse em seu íntimo o pequeno príncipe, "e só tem quatro espinhos para defender-se do mundo! E eu a deixei só na minha casa!"

Foi esse seu primeiro movimento de arrependimento. Mas retomou coragem.

— Que lugar me aconselha a visitar? — perguntou.

— O planeta Terra — respondeu-lhe o geógrafo. — Ele tem boa reputação...

E o pequeno príncipe partiu, pensando na sua flor.

Poderíamos dizer do nosso mundo o que os exploradores relataram ao rei dos danitas, quando a tribo estava à procura de uma terra para viver:

"A terra espaçosa que Deus vos entregou nas mãos é uma região onde nada falta daquilo que a terra produz." (Jz 18, 10)

No livro de Judite (5, 10), lemos que o povo de Israel se tornou *"uma grande multidão, tanto que os seus descendentes não poderiam ser contados"*. Apocalipse tenta enumerá-los, mas é impossível. O leque de nações, raças, povos e línguas é muito vasto (cf. Ap 7, 9).

Mas Neemias diz (9, 34-37):
"Nossos reis, nossos chefes, nossos sacerdotes e nossos pais negligenciaram a prática da vossa lei, não mais obedeceram aos vossos mandamentos, nem às advertências que lhes fizestes.

Malgrado seu reino, apesar dos bens que lhes havíeis dado em abundância, e a despeito desta terra vasta e fértil que lhes entregastes, eles não vos serviram, não renunciaram às suas más obras.

E eis que hoje somos escravos! Escravos na própria terra que destes aos nossos pais, para usufruir de seus frutos e dos seus produtos.

Esta terra multiplica suas messes para reis estrangeiros, que no momento nos tiranizam por causa de nossos pecados, e dispõem a seu arbítrio de nossas pessoas e de nossos animais. Sim, estamos numa grande aflição."

CAPÍTULO 16

O sétimo planeta foi, pois, a Terra.

Não é um planeta qualquer. Aí vivem cento e onze reis (sem esquecer, é claro, dos reis negros), sete mil geógrafos, novecentos mil negociantes, sete milhões e meio de bêbados e trezentos e onze milhões de vaidosos — isto é, cerca de dois bilhões de pessoas grandes.

Para que se tenha uma ideia das dimensões da Terra, direi que, antes da invenção da eletricidade, precisavam sustentar, para o conjunto dos seis continentes, um verdadeiro exército de quatrocentos e sessenta e dois mil, quinhentos e onze acendedores de lampião.

Visto de certa distância, o panorama dava uma impressão esplêndida. Os movimentos desse exército eram articulados como na coreografia de um balé de ópera. Primeiramente, entravam em cena os acendedores de lampião da Nova Zelândia e da Austrália. Depois de acenderem os lampiões, iam dormir. Em seguida, entravam na dança os acendedores de lampião da China e da Sibéria. Depois, também estes se recolhiam aos bastidores. Então, era a vez dos acendedores de lampião da Rússia e das Índias. A seguir, os acendedores de lampião da África e da Europa. Na sequência, os da América do Sul. Por fim, os da América do Norte. E eles jamais se equivocavam na ordem de entrada em cena. Era um espetáculo grandioso.

Só levava uma vida de ócio e displicência o que acendia o único lampião do polo norte, assim como seu companheiro do único lampião do polo sul. Trabalhavam apenas duas vezes por ano.

Jesus recomenda:
"O que entre vós é o maior, torne-se como o último." (Lc 22, 26)

Algumas edições da Bíblia dão mais eficácia ao versículo ao traduzir "último" como "o menor". Sem pequenez não pode haver verdadeira grandeza. Jesus deixa isso claro comparando o imensamente pequeno — uma minúscula semente — ao imensamente grande — o reino de Deus:

"É como o grão de mostarda que, quando semeado, é a menor de todas as sementes. Mas, depois de semeado, cresce, torna-se maior que todas as hortaliças e estende de tal modo os seus ramos que as aves do céu podem abrigar-se à sua sombra." (Mc 4, 31-32)

CAPÍTULO 17

Quando se quer fazer graça, sempre contamos alguma mentira. Não fui muito correto quando falei dos homens que acendem lampiões. Posso ter dado uma ideia falsa de nosso planeta àqueles que não o conhecem. Os homens ocupam pouco espaço na Terra. Se os dois bilhões de homens que a povoam ficassem de pé, espremidos uns contra os outros, como numa reunião, por exemplo, facilmente caberiam todos numa praça pública de trinta quilômetros de comprimento por trinta de largura. Se estivesse bem compacta, a humanidade inteira caberia na mais pequena ilhota do oceano Pacífico.

Claro que as pessoas crescidas não acreditarão nisso. Sempre acham que ocupam bastante espaço. Consideram-se tão importantes quanto os baobás. Devemos, pois, recomendar-lhes que façam os cálculos. Adoram números, com isso ficarão contentes. Mas não nos convém perder tempo com essa tarefa dobrada, como se estivéssemos punindo um aluno rebelde. Seria inútil. Podem crer no que digo.

"Que fostes ver no deserto? Um caniço agitado pelo vento?", Jesus fala às multidões sobre João Batista (Mt 11, 7). Há algo que nos empurra para o deserto. Para Jesus é o Espírito que o mantém ali durante quarenta dias (cf. Mc 1, 12-13). É no deserto do Monte Sinai — observam os Atos (cf. 7, 30-31) — que o anjo aparece a Moisés e ressoa a voz do Senhor. O deserto é o pano de fundo durante a jornada de quarenta anos do povo de Israel em direção à Terra Prometida. É para o deserto que foge a mulher do Apocalipse (cf 12, 6), onde Deus lhe prepara um refúgio e a nutre por muito tempo.

Quanto à serpente, Gênesis (3, 1) a descreve como *"o mais astuto de todos os animais selvagens que Deus havia feito"*.

Quando Deus tem de demonstrar seu poder a Moisés, ele transforma seu cajado em uma serpente (cf. Ex 4, 2-5). E o mesmo prodígio ordenará que Aarão faça diante do Faraó (cf. Ex 7, 8-10).

Durante o êxodo para a Terra Prometida, o povo incrédulo e cansado também deve enfrentar o flagelo das cobras venenosas; no livro de Números (21, 8-9) é dito o remédio de Moisés:

"O Senhor disse a Moisés: 'Faze para ti uma serpente ardente e mete-a sobre um poste. Todo aquele que for mordido, olhando para ela, será salvo.' Moisés fez, pois, uma serpente de bronze, e fixou-a sobre um poste. Se alguém era mordido por uma serpente e olhava para a serpente de bronze, conservava a vida."

Uma vez na Terra, o pequeno príncipe ficou muito surpreso, pois não encontrara ninguém. Já estava com medo de haver errado de planeta. De repente, reparou num anel cor de lua que se mexia na areia.

— Boa noite — disse o pequeno príncipe, só para dizer algo.

— Boa noite — disse a serpente.

— Em que planeta eu vim parar? — perguntou o pequeno príncipe.

— Na Terra, na região da África — respondeu a serpente.

— Ah! Não há ninguém, então, na Terra?

— Aqui é o deserto. Não há ninguém nos desertos. A Terra é grande — disse a serpente.

O pequeno príncipe sentou-se sobre uma pedra e ergueu os olhos para o céu:

— Eu me pergunto se as estrelas são iluminadas a fim de que cada um possa, um dia, identificar a sua. Olhe meu planeta. Fica bem acima de nós... Mas como está longe!

— É belo — disse a serpente. — O que veio fazer aqui?

— Tenho problemas com uma flor — respondeu o pequeno príncipe.

— Ah! — exclamou a serpente.

Ambos emudeceram.

— Onde estão os homens? — voltou à pergunta o pequeno príncipe. — Estamos um pouco solitários aqui no deserto...

— Também ficamos sozinhos onde vivem os homens — disse a serpente.

O pequeno príncipe a observou longamente.

— Você é um animal muito engraçado — disse-lhe, por fim. — Fininho como um dedo...

— Mas sou mais poderosa que o dedo de um rei — disse a serpente.

O pequeno príncipe esboçou leve sorriso:

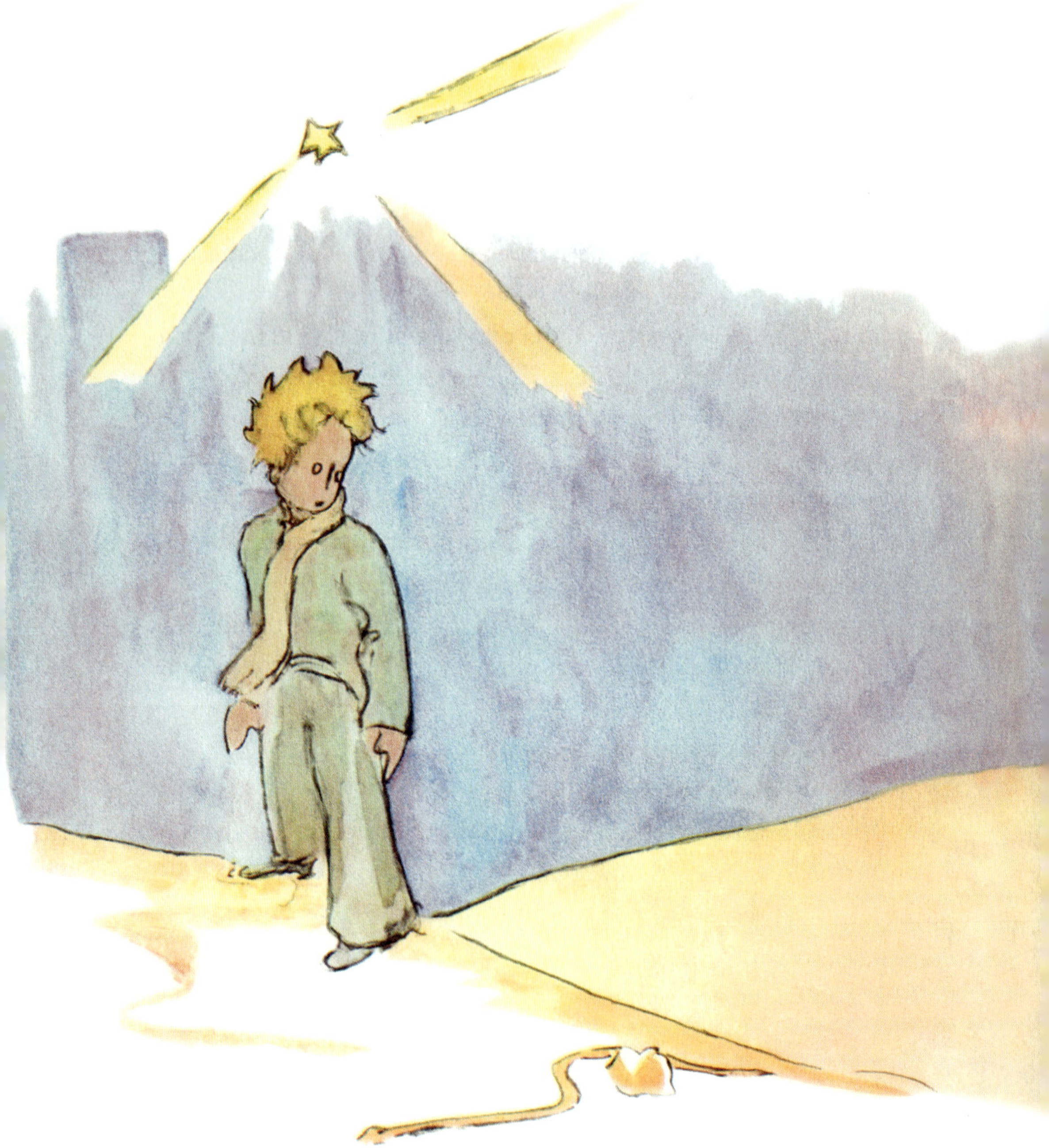

— Você não é tão poderosa assim... Nem sequer patas tem... Nem sequer pode viajar...

— Posso levar você mais longe do que o levaria um navio — disse a serpente.

Dito isso, ela enrolou-se no tornozelo do pequeno príncipe, como se fosse um bracelete de ouro.

— Quando alguém me toca, levo essa pessoa de volta para o fundo da terra, de onde saiu. Mas você é puro, e vem de uma estrela...

O pequeno príncipe não disse palavra.

— Você me causa pena, assim tão fraco, numa Terra de granito. Posso ajudá-lo um pouco, um dia desses, caso sinta muitas saudades de seu planeta. Posso...

— Oh! Compreendi bem — disse o pequeno príncipe. — Mas por que fala sempre por meio de enigmas?

— Sei resolver cada um — disse a serpente.

E emudeceram.

A condição errante do homem depende basicamente de sua dimensão espiritual, sem a qual ele não poderia ser pessoa. Jesus, no famoso diálogo noturno com Nicodemos (cf. Jo 3), explica que quem é nascido do Espírito pode estar em qualquer lugar (cf. Jo 3, 8). *"Andas nas asas do vento"*, diz o salmista, expressando louvor ao Senhor (Sl 104, 3). Mas Deus não é um exibicionista, não gosta de efeitos especiais. Quem o quer ouvir não espera o furacão, porque Ele prefere revelar-se no *"murmúrio de uma leve brisa"*, assim como faz com Elias (cf. 1Rs 19, 11-12).

É realmente preciso ter raízes? Jó testemunha (5, 3): *"Vi o insensato deitar raiz, e de repente sua morada apodreceu."* E Eclesiástico (10, 15) proclama: *"O Senhor arrancou as raízes das nações arrogantes e implantou os humildes em seu lugar."*

Jesus é um grande peregrino. Atravessou as cidades ao longo do lago de Genesaré, o resto da Galileia, Samaria, Judeia. Ele recomendou à multidão: *"Andai enquanto tendes a luz, para que as trevas não vos surpreendam"* (Jo 12, 35). Mas é importante escolher bem o destino e saber qual o caminho a seguir: *"Não tenho maior alegria do que ouvir dizer que os meus filhos caminham na verdade"* (3Jo 1, 4).

CAPÍTULO 18

O pequeno príncipe atravessou o deserto e só encontrou uma flor. Era de três pétalas, uma flor de nada...

— Bom dia — disse o pequeno príncipe.

— Bom dia — disse a flor.

— Onde estão os homens? — perguntou de forma cortês o pequeno príncipe.

A flor, que um dia vira passar por ali uma caravana, comentou:

— Os homens? Acho que devem existir seis ou sete. Faz anos que não os vejo. Mas sei como encontrá-los. O vento os leva. Faltam-lhes raízes, e isso os incomoda muito.

— Adeus — disse o pequeno príncipe.

— Adeus — disse a flor.

"*Olho para a terra: tudo é caótico e deserto*", queixa-se Jeremias (4, 23). De cima dá para ver melhor, mesmo que a vista nem sempre seja a que gostaríamos. Talvez, por isso, em momentos cruciais, Jesus se retire na montanha. Isso acontece antes de escolher os doze discípulos (cf. Lc 6, 12-16). O mesmo acontece quando ele profere o Sermão da Montanha, que é o seu manifesto (cf. Mt 5, 1-12). A multidão segue-o e ele faz o milagre dos pães e dos peixes; depois, quando ela volta para levá-lo e fazê-lo rei, ele sobe novamente à montanha (cf. Jo 6, 11-15).

O salmista assegura-nos: "*Porque os pobres nunca serão esquecidos, a esperança dos aflitos nunca será frustrada*" (Sl 9, 19). O mesmo acontecerá com aqueles que buscam o Senhor: "*ele nunca será esquecido*" (Eclo 39, 9). É claro que há momentos em que nos sentimos muito sós, mesmo diante de Deus: "*Por um momento eu te havia abandonado, mas com profunda afeição eu te recebo de novo*", diz o Senhor — referindo-se a Jerusalém — pela boca de Isaías (54, 7), que pouco depois dá voz à promessa do Altíssimo: "*Não mais serás chamada a Desamparada*" (Is 62, 4).

CAPÍTULO 19

O pequeno príncipe escalou uma alta montanha. Até então, as únicas montanhas que conhecera na vida haviam sido os três vulcões, que não passavam de seu joelho. E ele fazia uso do vulcão extinto como se fosse um tamborete. "De uma montanha como essa", dizia a si mesmo, "serei capaz de ter uma visão de todo o planeta e de todos os homens..." Mas só viu picos rochosos e pontiagudos.

— Bom dia — disse, ao acaso.

— Bom dia... bom dia... bom dia... — respondeu o eco.

— Quem são vocês? — perguntou o pequeno príncipe.

— Quem são vocês... Quem são vocês... Quem são vocês... — respondeu o eco.

— Sejam meus amigos, eu estou sozinho — disse o pequeno príncipe.

— Estou sozinho... estou sozinho... estou sozinho... — respondeu o eco.

"Que planeta esquisito", pensou, "todo árido, todo cheio de picos e todo salgado! E os homens, sem imaginação. Só repetem o que lhes é dito... Onde vivo, lá eu tinha uma flor: sempre era ela quem falava primeiro."

Há um destino idêntico a todos os homens, desde o momento do nascimento: *"caí, da mesma maneira que todos, sobre a mesma terra, e, como todos, nos mesmos prantos soltei o primeiro grito"*, diz o autor do livro Sabedoria (7, 3).

"Quem pode se gabar de ser seu igual?", Eclesiástico pergunta, referindo-se ao profeta Elias (cf. Eclo 48, 4). Mas com Jesus toda distância é superada, tanto que podemos dizer que somos semelhantes a Deus, como escreve João em sua primeira carta (1Jo 3, 2): *"Sabemos que, quando isto se manifestar, seremos semelhantes a Deus, porquanto o veremos como ele é."*

A Bíblia adverte contra a tentação de tomar posse. Nos Provérbios, lemos: *"Quem confia em sua riqueza cairá, enquanto os justos reverdecerão como a folhagem"* (11, 28). E Jesus, na parábola do semeador, adverte que *"os cuidados do mundo e a sedução das riquezas sufocam a Palavra e a tornam infecunda"* (Mt 13, 22).

CAPÍTULO 20

Mas ocorreu que o pequeno príncipe, tendo caminhado muito tempo pelas dunas, pelas rochas e pela neve, encontrou por fim um caminho. E todos os caminhos conduzem a lugares onde vivem os homens.

— Bom dia — disse ele.

Era um jardim florido de rosas.

— Bom dia — disseram as rosas.

O pequeno príncipe passou a observá-las. Eram todas muito parecidas com sua flor.

— Quem são vocês? — perguntou-lhes com estupefação.

— Somos rosas — disseram-lhe.

— Ah! — respondeu o pequeno príncipe.

Na Bíblia escorrem muitas lágrimas, mas sempre há Deus que se inclina sobre os homens e seu próprio Filho para enxugá-las. Jesus chora quando anunciam a morte de seu amigo Lázaro (cf. Jo 11, 32-35), mas depois o desperta do sono eterno, trazendo-o de volta à vida. Jesus volta a chorar diante de Jerusalém, prevendo sua ruína (cf. Lc 19, 41) — que graças ao seu sacrifício, não será para sempre. Maria Madalena chora ao lado do túmulo de Jesus, e os anjos anunciam que Cristo ressuscitou (cf. Jo 20, 11-13).

Então, sentiu-se muito infeliz. Sua flor lhe contara que era a única de sua espécie no universo. Mas eis que agora existem cinco mil, todas parecidas, em um só jardim!

"Ela ficaria bem envergonhada", disse o pequeno príncipe em seu íntimo, "se soubesse disso... teria grandes acessos de tosse nervosa e simularia estar morrendo para escapar ao ridículo. E eu me veria na obrigação de fingir que estava cuidando dela; caso contrário, para humilhar a mim também, ela seria até capaz de deixar-se morrer."

Em seguida, ainda falando consigo: "Considerava-me rico por possuir uma flor única, e agora vejo que só possuo uma rosa comum. Sim, além de meus três vulcões, que não vão além da altura do meu joelho, um dos quais talvez extinto para sempre. Nada disso faz de mim um grande príncipe..."

E, deitado na relva, chorou.

Os homens têm o exemplo do Senhor, como descreve Oseias (11, 4):

"Segurava-os com laços de bondade, com laços de amor; fui para eles como quem levanta uma criança até seu rosto; me abaixei para dar-lhes alimento."

CAPÍTULO 21

Foi quando apareceu a raposa.

— Bom dia — disse a raposa.

— Bom dia — respondeu educadamente o pequeno príncipe, que se virou, mas não viu coisa nenhuma.

— Estou aqui — disse a mesma voz, que vinha de baixo da macieira.

— Quem é você? — disse o pequeno príncipe. — Você é bem bonita.

— Sou uma raposa — disse ela.

— Venha brincar comigo — sugeriu-lhe o pequeno príncipe. — Estou tão triste...

— Não posso brincar com você — disse a raposa —, não me cativaram ainda...

— Ah! Perdão — disse o pequeno príncipe.

Depois, refletindo um pouco, acrescentou:

— O que significa "cativar"?

— Você não é daqui — disse a raposa. — Que está procurando?

— Procuro os homens — respondeu o pequeno príncipe. — Que significa "cativar"?

— Os homens — disse a raposa — têm fuzis e caçam. É bem constrangedor! Também criam galinhas! É o único interesse deles. Você procura galinhas?

— Não — disse o pequeno príncipe. — Procuro amigos. Que significa "cativar"?

— É uma coisa que caiu em grande esquecimento — disse a raposa. — Significa "criar laços"...

— Criar laços?

Isaías (27, 2-3) diz da vinha do Senhor:
"Naquele dia se dirá: cantai a bela vinha!
Eu, o Senhor, sou o vinhateiro;
no momento oportuno eu a rego,
a fim de que seus sarmentos não murchem.
Dia e noite eu a vigio."

Paulo fala, dessa maneira, sobre o amor conjugal:
"Assim os maridos devem amar as suas mulheres, como a seu próprio corpo. Quem ama a sua mulher, ama a si mesmo. Certamente, ninguém jamais aborreceu a sua própria carne; ao contrário, cada qual a alimenta e a trata, como Cristo faz à sua Igreja — porque somos membros de seu corpo. Por isso, o homem deixará pai e mãe e se unirá à sua mulher, e os dois constituirão uma só carne." (Ef 5, 28-31)

— Exatamente — disse a raposa. — Por enquanto, para mim você é apenas um garotinho em tudo semelhante a cem mil outros. Não tenho necessidade de você. Tampouco você de mim. Para você, não passo de uma raposa semelhante a cem mil outras. Mas, se você me cativar, teremos necessidade um do outro. A partir de então, você será único no mundo para mim. Também eu serei única no mundo para você.

— Começo a compreender — disse o pequeno príncipe. — Há uma flor... acredito que ela me tenha cativado...

— É possível — disse a raposa. — Na superfície da Terra, aparece de tudo...

— Oh! Não é da Terra que estou falando — disse o pequeno príncipe.

A raposa ficou muito curiosa.

— É de outro planeta?

— Sim.

— Há caçadores nesse outro planeta?

— Não.

— Isso é interessante. E galinhas?

— Não.

Deve-se sempre olhar além das coisas. Se, olhando para um campo de trigo dourado, você pode ver os cabelos louros de seu amigo amado, olhando para Jesus você pode ver o Pai Todo-poderoso:

"*Quem crê em mim não crê em mim, mas naquele que me enviou; quem me vê, vê aquele que me enviou.*" (Jo 12, 44-45)

Deus não é um comerciante. Pela boca de Isaías (55, 1), Ele nos convida a aproveitar o "bem-estar" divino:
"*Todos vós, que estais sedentos, vinde à nascente das águas; vinde comer, vós que não tendes alimento.
Vinde comprar trigo sem dinheiro,
vinho e leite sem pagar!*"

"*Dizei somente: Sim, se é sim; não, se é não. Tudo o que passa além disto vem do Maligno.*" (Mt 5, 37)
Melhor confiar no exemplo do que nas palavras. Deus faz com os homens o que o bom pastor faz com seu rebanho: "*Eu as apascentarei em boas pastagens, elas serão levadas a gordos campos sobre as montanhas de Israel; elas repousarão sobre as verdes relvas, terão sobre os montes de Israel abundantes pastagens. Eu que apascentarei minhas ovelhas, eu que as farei repousar — oráculo do Senhor Javé. A ovelha perdida eu a procurarei; a desgarrada, eu a reconduzirei; a ferida, eu a curarei; a doente, eu a restabelecerei, e velarei sobre a que estiver gorda e vigorosa. Apascentá-las-ei todas com justiça*". (Ez 34,14-16)

— Nada é perfeito nesse mundo — suspirou a raposa.

Mas a raposa voltou à sua ideia:

— Minha vida é monótona. Eu caço as galinhas, sou caçada pelos homens. Todas as galinhas se parecem, e também todos os homens são iguais. Isso me deixa um pouco entediada. Mas, quando me cativar, minha vida ficará ensolarada. Passarei a ouvir um ruído de passos que será diferente de todos os demais. Os outros ruídos fazem com que eu me esconda debaixo da terra. O seu me trará para fora da toca, como se fosse uma música. Além disso, olhe adiante! Está vendo ali à frente os campos de trigo? Não como pão; por isso, o trigo não me serve para nada. Os campos de trigo não evocam nada para mim. Ora, isso é triste! Mas você tem cabelos de cor dourada. Então, quando você me cativar, será maravilhoso! Como o trigo é dourado, isso me fará pensar em você. E terei a alegria de ouvir o vento que faz o trigo mover-se...

A raposa calou-se e ficou observando bastante tempo o pequeno príncipe.

— Por favor... Quero que me cative! — disse.

— Bem que eu gostaria — respondeu o pequeno príncipe —, mas tenho pouco tempo. Tenho amigos que ainda preciso descobrir e muitas coisas por conhecer...

— Só conhecemos as coisas que conseguimos cativar — disse a raposa. — Os homens já não têm tempo para conhecer nada. Compram tudo o que já vem pronto nas lojas. Mas, como não existe loja de amigos, os homens deixaram de tê-los. Se você quer um amigo, domestique a mim.

— Que devo fazer? — perguntou o pequeno príncipe.

— É preciso que tenha muita paciência. Em primeiro lugar, você se sentará um pouco afastado mim, na relva. Eu o olharei de rabo de olho, e você não dirá nada. A linguagem é fonte de mal-entendidos. Mas cada dia você poderá sentar-se um pouquinho mais perto...

"A vossa bondade e misericórdia hão de seguir-me por todos os dias de minha vida", proclama com otimismo o Salmo (23, 6). Mas a felicidade — adverte Tiago (1, 25) — pertence a quem fixa o olhar na lei de Deus, que é a lei da liberdade, e a põe em prática.

Zacarias está celebrando um rito quando Gabriel lhe traz o anúncio de que se tornará o pai de Batista (cf. Lc 1, 11-13). O velho Simeão chega aos pais de Jesus enquanto eles completam o rito de apresentação do filho no Templo; é durante esse rito que ele pode tomar o menino Jesus nos braços, reconhecê-lo como o Messias e proclamar (Lc 2, 29-32):
"Agora, Senhor, deixai o vosso servo
ir em paz, segundo a vossa palavra,
porque os meus olhos viram a vossa salvação,
que preparastes diante de todos os povos,
como luz para iluminar as nações,
e para a glória de vosso povo de Israel."

Das primeiras peregrinações a Jerusalém (cf. Lc 2, 41) à Última Ceia (cf. Lc 22, 1-38), toda a experiência terrena de Jesus é pontuada por celebrações rituais, que ele, porém, subtrai do ritualismo para transformá-las em verdadeira vida. A carta aos Hebreus explica bem (10, 11-12):
"Enquanto todo sacerdote se ocupa diariamente com o seu ministério e repete inúmeras vezes os mesmos sacrifícios que, todavia, não conseguem apagar os pecados, Cristo ofereceu pelos pecados um único sacrifício e logo em seguida tomou lugar para sempre à direita de Deus."

No dia seguinte, voltou o pequeno príncipe.

— É preferível vir sempre à mesma hora — disse a raposa.

— Se vier, por exemplo, às quatro da tarde, a partir das três horas já começarei a ficar feliz. E, quanto mais se aproximar a hora, mais feliz irei ficando. Às quatro horas, estarei agitada e inquieta; descobrirei o preço da felicidade! Mas, se chegar a uma hora qualquer, jamais poderei estar com o coração preparado; há um ritual para cada coisa.

— O que é um ritual? — perguntou o pequeno príncipe.

— É uma coisa que também foi muito esquecida — respondeu a raposa. — É o que faz com que um dia seja diferente do outro e uma hora da outra. Entre os que me caçam, por exemplo, há um ritual. Fazem uma dança na quinta-feira junto com as moças da aldeia. Então, quinta-feira é um dia maravilhoso. Enquanto fazem isso, vou passear nos vinhedos. Se os caçadores dançassem num dia qualquer, os dias seriam todos parecidos, e eu nunca teria férias.

Um dos frutos do Espírito, juntamente com o amor, é a *fidelidade*, contra a qual não há lei que se oponha (cf. Gl 5, 22-23). Fidelidade e amor, portanto, andam de mãos dadas e o sacrifício que a primeiro acarreta é a medida da grandeza do segundo.

João é sucinto ao relatar as palavras de Jesus sobre o amor:
"Ninguém tem maior amor do que aquele que dá a sua vida por seus amigos." (Jo 15, 13)

E ao trazer as consequências:
"Nisto temos conhecido o amor: ele [Jesus] deu sua vida por nós." (1Jo 3, 16)

Então, o pequeno príncipe começou a cativar a raposa. E, quando se aproximou a hora da partida, ocorreu o seguinte:

— Ah! — disse a raposa. — Chorarei...

— É sua a culpa — disse o pequeno príncipe —; não lhe queria nenhum mal, mas você quis que eu a cativasse.

— É verdade — disse a raposa.

— Mas você vai chorar! — disse o pequeno príncipe.

— É certo — disse a raposa.

— Então não ganha nada com isso!

— Ganho, sim — disse a raposa. — Por causa da cor do trigo.

Em seguida, acrescentou:

— Vá rever as rosas; compreenderá como a sua é única no mundo. Voltará para me dizer adeus, e eu o presentearei com um segredo.

E lá se foi o pequeno príncipe contemplar as rosas.

— Não são nem um pouco parecidas com a minha rosa! Ainda não são nada — disse-lhes. — Ninguém as cativou, e vocês tampouco cativaram ninguém. São como era minha raposa antes de ter-me conhecido. Era apenas uma raposa parecida com cem mil outras, mas eu a tornei minha amiga, e agora é única no mundo.

As rosas estavam constrangidas.

— Vocês são belas, porém vazias — disse-lhes ainda. — Ninguém é capaz de morrer por vocês. Claro, quanto à minha rosa, uma pessoa qualquer diria que é parecida com vocês; mas minha rosa é por si só mais importante que vocês todas juntas, porque foi a rosa que reguei, porque foi a rosa que pus na redoma, porque foi a rosa que protegi com o guarda-vento. E porque foi por ela que matei as lagartas (salvo duas ou três, que deixei para as borboletas), também porque foi ela que ouvi lamentar-se,

Os discípulos de Emaús vivem esta experiência: seus olhos estão velados, não reconhecem Jesus, mas seus corações sentem sua presença. Eles caminham uma parte do caminho com ele, convidam-no para ficar, *"porque já era tarde e já declinava o dia"*, e depois vão jantar juntos. Somente quando o misterioso companheiro desaparece, eles entendem quem ele realmente era e dizem:

"Não se nos abrasava o coração, quando ele nos falava pelo caminho e nos explicava as Escrituras?" (Lc 24, 32)

Deus doma o homem, cuida dele. *"O Senhor vela por mim"*, canta o salmista (Sl 40, 18); tanto Pedro (cf. 1Pe 5, 7) como Paulo na Carta aos Hebreus (cf. 2, 16) lembram-se disso. Paulo é amoroso com as comunidades que converte como uma mãe que cuida dos filhos (cf. 1Ts 2,7); e adverte: quem não cuida de seus entes queridos nega a fé (cf. 1Tm 5, 8).

ou vangloriar-se; algumas vezes, calar-se. Enfim, porque é a minha rosa.

E voltou a encontrar-se com a raposa:

— Adeus...

— Adeus — disse a raposa. — Eis o meu segredo. É muito simples: só o coração é capaz de ver bem as coisas. O essencial é invisível aos olhos.

— O essencial é invisível aos olhos — repetia o pequeno príncipe, para fixá-lo na memória.

— O que tornou sua rosa tão importante foi o tempo que gastou com ela.

— É o tempo que eu gastei com a minha rosa... — repetiu o pequeno príncipe, para não esquecer.

— Os homens esqueceram esta verdade — disse a raposa. — Mas você não deve esquecê-la. Será sempre responsável por aquilo que cativou. Você é responsável pela rosa...

— Sou responsável pela rosa... — repetiu o pequeno príncipe, para fixá-lo na memória.

No Evangelho os bem-aventurados (Mt 5, 3-10) são sempre os pequeninos, os mansos que não têm o *frenesi* de tomar todos os trens que passam na vida, e os puros de coração, capazes de perceber o que é impossível de ver com os olhos:

"Bem-aventurados os pobres em espírito,
porque deles é o reino dos céus!

Bem-aventurados os que choram,
porque serão consolados!

Bem-aventurados os mansos,
porque possuirão a terra!

Bem-aventurados os que têm fome e sede de justiça,
porque serão saciados!

Bem-aventurados os misericordiosos,
porque alcançarão misericórdia!

Bem-aventurados os puros de coração,
porque verão Deus!

Bem-aventurados os pacíficos,
porque serão chamados filhos de Deus!

Bem-aventurados os que são perseguidos por causa da justiça,
porque deles é o reino dos céus!"

CAPÍTULO 22

— Bom dia — disse o pequeno príncipe.

— Bom dia — disse o manobreiro.

— O que faz aqui? — perguntou o pequeno príncipe.

— Trio os viajantes. Cada viagem leva mil — disse o manobreiro. — Faço a expedição dos trens que os transportam, ora para um lado, ora para o outro...

E um trem expresso, com os vagões bem iluminados, e que ecoava como um trovão, fez tremer a cabine de controle.

— Estão bem apressados — disse o pequeno príncipe. — Que procuram?

— Nem o maquinista sabe — disse o manobreiro.

Naquele momento, vindo em sentido contrário, ressoa um segundo trem, todo iluminado.

— Já estão de volta? — perguntou o pequeno príncipe.

— Não são os mesmos — respondeu o manobreiro. — É um trem que vem na direção oposta.

— Não estavam contentes lá, ou estavam?

— Nunca a pessoa se acha contente no lugar onde está — disse o manobreiro.

Então, ouviu-se o som de um terceiro trem, também todo iluminado.

— Estão perseguindo os primeiros viajantes? — perguntou o pequeno príncipe.

— Não perseguem ninguém — respondeu o manobreiro.

— Dormem lá dentro mesmo, ou então bocejam. Só as crianças encostam o nariz nos vidros.

— Somente as crianças sabem o que procuram — observou o pequeno príncipe. — Sabem perder tempo com uma boneca de pano, e ela se torna muito importante para elas; se alguém lhes tira a boneca, choram...

— Sorte delas — disse o manobreiro.

"Quem crê em mim nunca terá sede!" (Jo 6, 35). No Evangelho de João, Jesus muitas vezes se refere à água, à sede e aos sedentos. *"Se alguém tem sede, venha a mim e beba"* (Jo 7, 37).

Se tivermos paciência para ir onde há água de verdade que mata a sede, podemos ter encontros importantes. Como a mulher samaritana de Sicar que encontra Jesus no poço de Jacó. No calor do meio-dia, Jesus estava exausto. Parou para descansar e pediu algo para beber, independentemente de a mulher pertencer a um povo que se opõe ao seu. Assim nasce um dos diálogos mais intensos do Evangelho. A mulher samaritana ouve maravilhada as palavras daquele homem:

"Todo aquele que beber desta água tornará a ter sede, mas o que beber da água que eu lhe der, jamais terá sede. E a água que eu lhe der virá a ser nele fonte de água, que jorrará até a vida eterna." (Jo 4, 13-14)

CAPÍTULO 23

— Bom dia — disse o pequeno príncipe.

— Bom dia — disse o vendedor.

Era um comerciante que vendia pílulas para acabar com a sede. Tomando uma por semana, a pessoa já não sentia necessidade de beber.

— Por que você vende isso? — perguntou o pequeno príncipe.

— Representa uma grande economia de tempo — respondeu o vendedor. — Os especialistas já fizeram os cálculos. É possível economizar 53 minutos por semana.

— E o que se faz nesses 53 minutos?

— Cada um faz o que quer...

"Se eu tivesse 53 minutos para gastar, caminharia tranquilamente em busca de uma fonte..."

A verdadeira amizade supera tudo e sabe aproveitar mesmo na ausência do outro. Quando os discípulos, alarmados, vão ter com João Batista para lhe dizer que um certo Jesus também está batizando do outro lado do Jordão, ele responde:

"Ninguém pode atribuir-se a si mesmo senão o que lhe foi dado do céu. Vós mesmos me sois testemunhas de que disse: Eu não sou o Cristo, mas fui enviado diante dele. Aquele que tem a esposa é o esposo. O amigo do esposo, porém, que está presente e o ouve, regozija-se sobremodo com a voz do esposo. Nisso consiste a minha alegria, que agora se completa." (Jo 3, 27-29)

Durante o êxodo, os israelitas perdem a confiança, desanimam, não acreditam mais na Terra Prometida. Então, o Senhor diz a Moisés:

"Vai e marcha à frente do povo, para que entre e possua a terra que jurei a seus pais dar-lhe." (Dt 10, 11)

Moisés sabe que o seu povo é o escolhido precisamente porque Deus caminha ao seu lado no deserto (cf. Ex 33, 16). Atravessar o deserto é uma tarefa árdua, é preciso conhecer os oásis, os lugares adequados para acampar; mas há a nuvem do Senhor que indica o caminho (cf. Ex 13, 21-22).

No Apocalipse (21, 6), Aquele que está sentado no trono promete dar de beber gratuitamente *"na fonte da água da vida"*. Há *"um rio de água viva, resplandecente como cristal"* que Deus coloca à disposição do homem (Ap 22, 1). Canta o Salmo (105, 41): *"Abriu o rochedo e jorrou água como um rio a correr pelo deserto."* E Isaías (43, 19) profetiza: *"Vou abrir uma via pelo deserto, e fazer correr arroios pela estepe."*

CAPÍTULO 24

Estávamos no oitavo dia da pane do motor que tive no deserto. Ouvi a história do vendedor, enquanto bebia a última gota de minha provisão de água.

— Ah! — disse ao pequeno príncipe. — É bem charmoso o seu relato, mas ainda não consertei meu avião e já não tenho água para beber; também eu seria feliz se pudesse caminhar tranquilamente em busca de uma fonte!

— Minha amiga raposa me disse...

— Mas, meu garoto, não é hora de pensar em raposa...

— Por quê?

— Porque vamos morrer de sede...

Não compreendendo meu raciocínio, ele completou:

— É bom ter tido um amigo, mesmo se quando estamos para morrer. Estou muito contente de ter feito amizade com a raposa...

"Não tem noção do perigo", pensei, "nunca sente fome ou sede. Um pouco de sol já lhe basta..."

Mas ele me observou e adivinhou meu pensamento:

— Também tenho sede... Procuremos um poço...

Fiz um gesto de cansaço: é um disparate procurar a esmo na vastidão do deserto. Mesmo assim, pusemo-nos a caminhar.

Depois de andar horas em silêncio, anoiteceu e as estrelas começaram a faiscar. Como estava com um pouco de febre, por causa da sede, vi-as como num sonho. As palavras do pequeno príncipe dançavam em minha memória.

— Você, então, também tem sede? — perguntei.

Jesus sabe que muitas vezes as perguntas são inúteis porque quem pergunta não espera ouvir uma resposta verdadeira. Como no episódio do jovem rico:

"Um homem de posição perguntou então a Jesus: 'Bom Mestre, que devo fazer para possuir a vida eterna?' Jesus respondeu-lhe: 'Por que me chamas bom? Ninguém é bom senão só Deus. Conheces os mandamentos: não cometerás adultério; não matarás; não furtarás; não dirás falso testemunho; honrarás pai e mãe.' Disse ele: 'Tudo isso tenho guardado desde a minha mocidade.' A estas palavras, Jesus lhe falou: 'Ainda te falta uma coisa: vende tudo o que tens, dá-o aos pobres e terás um tesouro no céu; depois, vem e segue-me!' Ouvindo isto, ele se entristeceu, pois era muito rico." (Lc 18, 18-23)

Quando o sumo sacerdote questiona Jesus sobre seus discípulos e sua doutrina, ele responde:

"Nada falei às ocultas. Por que me perguntas? Pergunta àqueles que ouviram o que lhes disse. Estes sabem o que ensinei." (Jo 18, 20-21)

Depois, diante dos principais sacerdotes e escribas, cala-se diante das muitas perguntas que Herodes lhe faz (cf. Lc 23, 9).

No início do seu ministério público, Jesus é conduzido pelo Espírito no deserto (cf. Mc 1, 12). E quando está cansado e quer um descanso da multidão ao seu redor, ele procura um lugar deserto (cf. Lc 4, 42).

A carta aos Hebreus (11, 27) diz que Moisés *"permaneceu firme, como se estivesse vendo o invisível"*, e Paulo exorta-nos a não fixar o olhar nas coisas visíveis, mas nas invisíveis, porque *"as coisas que se veem são temporais e as que não se veem são eternas"* (2Cor 4, 18).

Mas não obtive resposta. Ele simplesmente me disse:

— A água também pode fazer bem ao coração...

Apesar de não compreender a resposta, fiquei calado... Sabia bem que não era o caso de interrogá-lo.

Ele estava cansado. Sentou-se. Sentei-me a seu lado. E, depois de breve silêncio, ele acrescentou:

— As estrelas são belas por causa de uma flor que não se vê...

Respondi:

— É lógico. — E contemplava, sem dizer nada, os reflexos da lua nas ondas da areia.

— O deserto é bonito — acrescentou o pequeno príncipe.

E era verdade. Sempre amei o deserto. Sentamo-nos numa duna de areia. Nada se via. Nada se ouvia. No entanto, algo se irradia em silêncio...

— O que torna belo o deserto — disse o pequeno príncipe — é que em algum canto oculta um poço...

De repente, vi-me surpreendido pela misteriosa irradiação da areia. Quando era menino bem novo, morava numa casa antiga, na qual, segundo a lenda, haviam escondido um tesouro. É evidente que nunca foi descoberto nada, talvez nem tenham procurado. Mas a história do tesouro espalhava um encanto por toda a casa. Minha casa guardava um segredo escondido no fundo do coração...

— Sim — disse ao pequeno príncipe. — Quer se trate da casa, das estrelas ou do deserto, o que faz cada coisa bela é algo invisível!

— Estou contente — disse — porque vejo que concorda com a minha raposa...

Muitas vezes, o que vale mais é o que não está visível. Isso nos obriga a pesquisar. Jesus coloca assim:

"O reino dos céus é também semelhante a um tesouro escondido num campo. Um homem o encontra, mas o esconde de novo. E, cheio de alegria, vai, vende tudo o que tem para comprar aquele campo.

O reino dos céus é ainda semelhante a um negociante que procura pérolas preciosas. Encontrando uma de grande valor, vai, vende tudo o que possui e a compra." (Mt 13, 44-46)

A pérola é o próprio Jesus, *"imagem do Deus invisível"* e *"nele foram criadas todas as coisas nos céus e na terra, as visíveis e as invisíveis"* (Cl 1, 15-16).

A respeito de fidelidade e lâmpadas, Jesus se expressa com a parábola das virgens (Mt 25, 1-13):

"Então o reino dos céus será semelhante a dez virgens, que saíram com suas lâmpadas ao encontro do esposo. Cinco dentre elas eram tolas e cinco, prudentes. Tomando suas lâmpadas, as tolas não levaram óleo consigo. As prudentes, todavia, levaram de reserva vasos de óleo junto com as lâmpadas. Tardando o esposo, cochilaram todas e adormeceram. No meio da noite, porém, ouviu-se um clamor: 'Eis o esposo, ide-lhe ao encontro!' E as virgens levantaram-se todas e prepararam suas lâmpadas. As tolas disseram às prudentes: 'Dai-nos de vosso óleo, porque nossas lâmpadas se estão apagando.' As prudentes responderam: 'Não temos o suficiente para nós e para vós; é preferível irdes aos vendedores, a fim de o comprardes para vós.' Ora, enquanto foram comprar, veio o esposo. As que estavam preparadas entraram com ele para a sala das bodas e foi fechada a porta. Mais tarde, chegaram também as outras e diziam: 'Senhor, senhor, abre-nos!' Mas ele respondeu: 'Em verdade vos digo: não vos conheço!' Vigiai, pois, porque não sabeis nem o dia nem a hora."

Como o pequeno príncipe começava a adormecer, tomei-o nos braços e voltei a caminhar. Estava emocionado. Tinha a impressão de que carregava um tesouro frágil. Parecia-me que não havia nada mais frágil na Terra. Sob o reflexo da lua, eu observava aquela fronte pálida, aqueles olhos cerrados, aquelas mechas de cabelo que balançavam ao vento, e dizia a mim mesmo: "O que vejo é só uma aparência. A parte mais importante é a invisível..."

E, dado que seus lábios semicerrados esboçavam um sorriso, eu me dizia ainda: "O que me emociona nesse pequeno príncipe adormecido é a sua fidelidade para com uma flor, é a figura de uma rosa que se irradia nele como a chama de uma vela, mesmo quando dorme..." E eu o percebi mais frágil ainda. É preciso proteger bem as chamas: uma rajada de vento pode apagá-las...

Continuando a caminhar, encontrei o poço ao raiar do dia.

"Que procurais?" Estas são as primeiras palavras de Jesus no Evangelho de João. Duas pessoas foram atrás dele, obedecendo ao convite de João Batista, e começaram a segui-lo a distância, um pouco intimidadas e desajeitadas. Vamos reler o episódio (Jo 1, 35-39):

"No dia seguinte, estava lá João outra vez com dois dos seus discípulos. E, avistando Jesus que ia passando, disse: 'Eis o Cordeiro de Deus!' Os dois discípulos ouviram-no falar e seguiram Jesus. Voltando-se Jesus e vendo que o seguiam, perguntou-lhes: 'Que procurais?' Disseram-lhe: 'Rabi (que quer dizer Mestre), onde moras?' 'Vinde e vede', respondeu-lhes. Foram aonde ele morava e ficaram com ele aquele dia. Eram mais ou menos quatro horas da tarde."

Voltemos ao poço de Jacó. A mulher samaritana ouve Jesus falando de uma fonte jorrando. Inocentemente, mas com determinação e fé, a mulher aproveita o momento: *"Senhor, dá-me desta água, para eu já não ter sede nem vir aqui tirá-la!"* (Jo 4, 15).

CAPÍTULO 25

— Os homens — disse o pequeno príncipe — enfurnam-se nos trens, mas já não sabem o que procuram. Então, agitam-se e dão voltas em círculos...

E acrescentou:

— Isso não vale a pena!

O poço que descobrimos não era parecido com os do deserto do Saara. Estes são simples buracos cavados na areia. O que localizamos fazia lembrar um poço de aldeia. Mas não havia aldeia nenhuma por ali; talvez eu estivesse sonhando.

— É estranho — disse eu ao pequeno príncipe. — Tudo está preparado: a roldana, o balde e a corda...

Ele riu, pegou na corda e fez a roldana girar. E esta gemeu como faz uma velha ventoinha quando o vento a desperta de um longo sono.

— Ouça — disse o pequeno príncipe. — Despertamos este poço, e ele canta...

Não queria que ele fizesse esforço.

— Pode deixar: eu faço isso — disse-lhe. — É muito pesado para você.

Lentamente puxei o balde até à borda. Deixei bem a prumo. Em meus ouvidos soava o canto da roldana, e na água que ainda oscilava no balde eu via o sol tremeluzir.

— Tenho sede desta água — disse o pequeno príncipe. — Dê-me para beber...

E compreendi o que ele havia procurado.

Levei o balde até seus lábios. De olhos fechados, ele bebeu. Era como se fosse uma festa! Essa água era bem mais que um alimento. Nascera da marcha sob a luz das estrelas, do canto da roldana, do esforço de meus braços. Era boa para o coração, como

A palavra poço aparece na Bíblia quarenta e sete vezes. No poço de Laai-Roí, o anjo anuncia a Agar, serva e concubina de Abraão, que está grávida de um filho a quem chamará Ismael (cf. Gn 16, 10-14). E quando, depois de dar à luz, Abraão a expulsa para o deserto, destinando-a, junto com o filho, à morte certa, é sempre um anjo que aparece e aponta para a salvação: *"Deus abriu-lhe os olhos, e ela viu um poço, onde foi encher o odre, e deu de beber ao menino"* (Gn 21, 19).

O poço na tradição oriental, mas também no nosso antigo mundo camponês, é um lugar de encontro, onde podem nascer amores. Junto a um poço na Mesopotâmia, o servo de Abraão, Eliézer, reconhece na Rebeca, que tira água, a companheira ideal para Isaac (cf. Gn 24, 14-15). A moça concorda em partir com ele em direção ao Negueb, e é no famoso poço de Laai-Roí que ocorre o encontro entre os dois noivos. No poço de Madiã, Moisés defende as filhas do sacerdote, que lhe dá Séfora em casamento (cf. Ex 2, 15-21).

Mais uma vez, é no poço de Beer, no ponto mais meridional da Terra Prometida, que o Senhor diz a Moisés: *"Reúne o povo, para que eu lhe dê água."* Então cantou Israel este cântico: *"Brota, ó poço: cantai-o! Poço cavado por príncipes, furado pelos grandes do povo com o cetro, com os seus bastões!"* (Nm 21, 16-18).

Davi, em guerra com os filisteus, manda três soldados tirarem água do poço de Belém, que fica no meio do acampamento inimigo. A missão é cumprida com desprezo pelo perigo e Davi, em vez de beber aquela água, a derrama no chão como oferenda a Deus e diz: *"É o sangue desses homens, que para buscá-la arriscaram a sua vida!"* (2Sm 23,15-17).

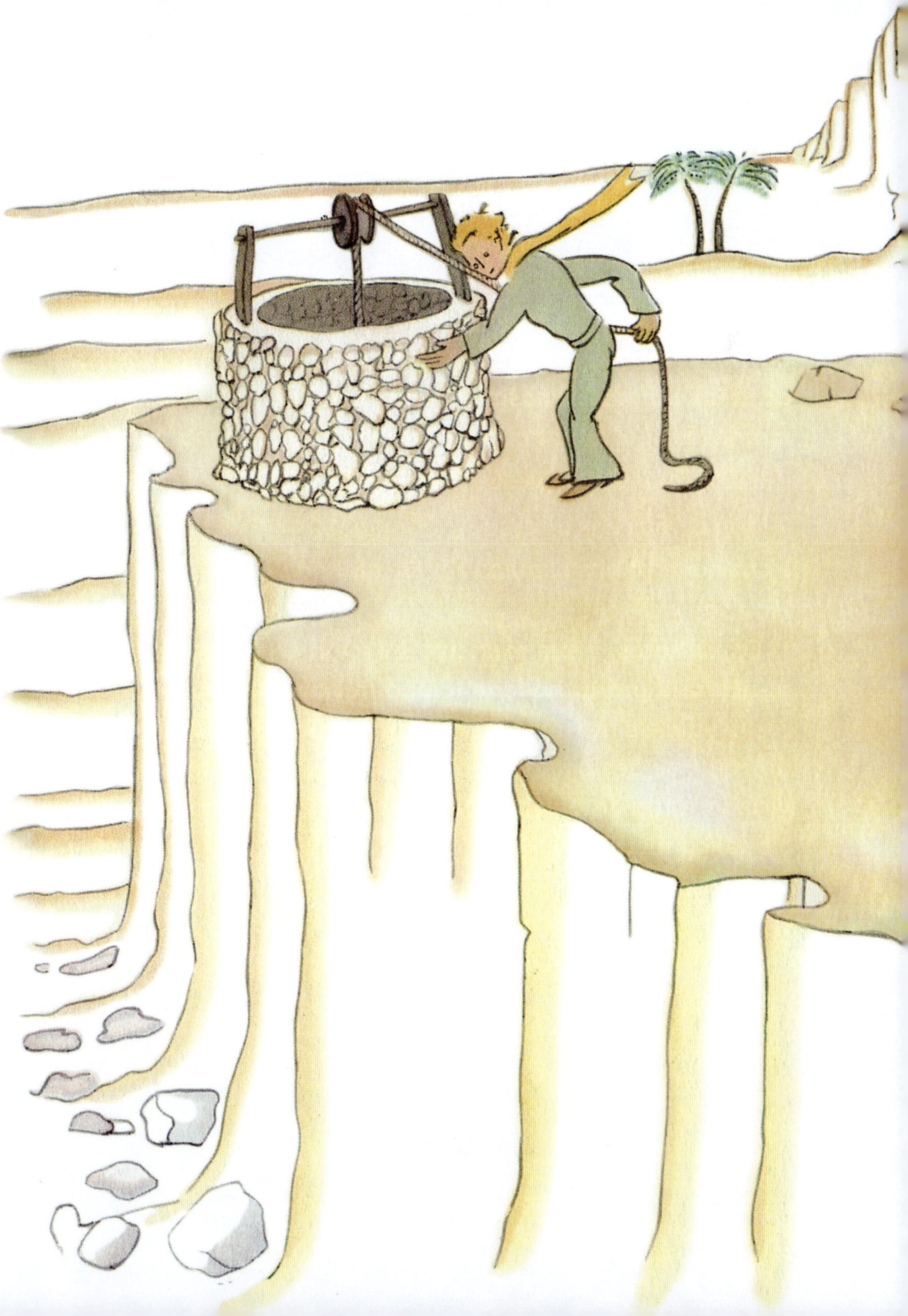

Todo ano o Natal faz com que todos nos sintamos como os pastores de Belém, tão cheios de espanto e alegria que até nos sentimos um pouco atordoados. Contemplamos um mistério tão doce e profundo! O infinitamente pequeno e o imensamente grande se encontram e se fundem. E as notícias trazidas pelos anjos são sempre surpreendentes (Lc 2, 10-14):

"'Não temais, eis que vos anuncio uma boa-nova que será alegria para todo o povo: hoje vos nasceu na Cidade de Davi um Salvador, que é o Cristo Senhor. Isto vos servirá de sinal: achareis um recém-nascido envolto em faixas e posto numa manjedoura.' E subitamente ao anjo se juntou uma multidão do exército celeste, que louvava a Deus e dizia:

'Glória a Deus nas alturas
e paz na terra aos homens por Ele amados.'"

Os pastores, à sua maneira, buscam com o coração. Renunciam à produtividade (cinco mil ovelhas ou cinco mil rosas aqui é a mesma coisa), confiam em uma voz que vem do céu e se deslocam, "sem demora", para a gruta da natividade, a fim de presenciar o "acontecimento" mais sensacional da história.

um presente. Quando era menino bem novo, a iluminação da árvore de Natal, os cantos da Missa do Galo, a doçura dos sorrisos, tudo fazia irradiar o presente de Natal que eu recebia.

— Os homens da terra onde você vive — disse o pequeno príncipe — cultivam cinco mil rosas no mesmo jardim... Mas não são capazes de encontrar o que procuram...

— Eles não encontram... — respondi.

— E, no entanto, o que eles procuram pode ser encontrado em uma única rosa ou em um gole d'água.

— Certamente — respondi.

E o pequeno príncipe acrescentou:

— Mas os olhos são cegos. Devemos procurar com o coração.

Eu tomei a água. Agora, respirava bem. A areia, ao amanhecer, era da cor do mel. Isso também me fazia feliz. Por que haveria de me entristecer?

— Deve manter sua promessa! — disse-me com brandura o pequeno príncipe, que mais uma vez estava sentado junto a mim.

— Que promessa?

— Você sabe... uma mordaça para minha ovelha... eu sou responsável por essa flor!

Tirei do bolso os rascunhos do desenho. O pequeno príncipe notou e disse, rindo:

— Seus baobás... saiba que fazem lembrar um pouco folhas de couve...

— Oh!

Imagine-me ouvindo isso, a mim, que era tão orgulhoso dos baobás!

— Sua raposa... suas orelhas... mais parecem chifres... e são compridas demais!

Depois da ressurreição, Jesus convida os apóstolos a esperar que se cumpra a promessa feita pelo Pai por meio dele (cf. At 1, 4). Uma promessa dirigida a todos (cf. At 2, 39). O próprio Jesus é a promessa que se cumpre: *"De sua descendência, conforme a promessa, Deus fez sair para Israel o Salvador Jesus"* (At 13, 23). No entanto, a promessa não se baseia na Lei, nem na observância servil aos códigos e regras, mas na fé viva, capaz de justificar e superar tudo (cf. Rm 4, 13). João deixa isso claro em sua primeira epístola (1Jo 2, 25): *"Eis a promessa que ele nos fez: a vida eterna."*

Quando a hora da despedida se aproxima, um véu de melancolia sempre cai sobre os corações. É o que acontece no final da Última Ceia, quando nas palavras de Jesus se sente o pesar da separação, que é imediatamente seguido pela recomendação mais importante, a de amar uns aos outros. Pedro — e nele se reflete a humanidade de cada um de nós — responde com generosidade e entusiasmo. Mas é apenas fogo de palha destinado a logo se apagar, porque na realidade ainda não é capaz de entender:

"'Filhinhos meus, por um pouco apenas ainda estou convosco. Vós me haveis de procurar, mas como disse aos judeus, também vos digo agora a vós: para onde eu vou, vós não podeis ir. Dou-vos um novo mandamento: Amai-vos uns aos outros. Como eu vos tenho amado, assim também vós deveis amar-vos uns aos outros. Nisto todos conhecerão que sois meus discípulos, se vos amardes uns aos outros.'

Perguntou-lhe Simão Pedro: 'Senhor, para onde vais?' Jesus respondeu-lhe: 'Para onde vou, não podes seguir-me agora, mas seguir-me-ás mais tarde.' Pedro tornou a perguntar: 'Senhor, por que te não posso seguir agora? Darei a minha vida por ti!' Respondeu-lhe Jesus: 'Darás a tua vida por mim? Em verdade, em verdade te digo: não cantará o galo até que me negues três vezes.'" (Jo 13, 33-38)

Ele voltou a rir.

— Você está sendo injusto, garoto; eu sabia desenhar apenas jiboias fechadas e jiboias abertas!

— Oh! Dará certo — ele disse —, as crianças sabem.

Rabisquei, então, uma mordaça.

E, com o coração apertado, dei-lhe a figura:

— Você tem projetos que eu desconheço.

Mas ele não me respondeu. Apenas disse:

— Você sabe como vim parar na Terra?... Faz um ano amanhã...

Depois, saindo do silêncio, acrescentou:

— Caí do céu bem perto daqui...

E enrubesceu.

Sem saber a razão, senti um estranho pesar; no entanto, ocorreu-me uma pergunta:

— Então, não foi por mero acaso que no dia em que o conheci, há uma semana, você viajava desse modo, inteiramente só, a mil milhas de todas as regiões habitadas? Está de volta ao lugar que foi o ponto em que caiu do céu?

O pequeno príncipe enrubesceu novamente.

Eu acrescentei, hesitando:

— Talvez pela coincidência do aniversário?...

O pequeno príncipe enrubesceu mais uma vez. Não respondia nunca às perguntas, mas quando enrubescia queria dizer "sim", não é mesmo?

— Ah! — disse-lhe. — Tenho medo...

Mas ele me respondeu:

— Você deve trabalhar agora. Deve partir de novo com sua máquina! Eu o espero. Volte amanhã à noite.

Mas não me tranquilizei. Lembrei da raposa. Corremos o risco de chorar um pouco quando nos deixamos cativar...

Diante do mistério, todos nós somos incapazes de compreender. João em seu Evangelho (Jo 8, 21-23) relata o diálogo no templo de Jerusalém entre Jesus e os fariseus:

"*Disse-lhes, novamente: 'Eu me vou, e procurar-me-eis, mas morrereis no vosso pecado. Para onde eu vou, vós não podeis ir.' Perguntavam os judeus: 'Será que ele se vai matar, pois diz: Para onde eu vou, vós não podeis ir?' Ele lhes disse: 'Vós sois cá de baixo, eu sou lá de cima. Vós sois deste mundo, eu não sou deste mundo.'*"

CAPÍTULO 26

Ao lado do poço estavam as ruínas de um velho muro de pedra. Quando retornei de meu trabalho, no dia seguinte ao anoitecer, avistei de longe meu pequeno príncipe ali sentado, balançando as pernas. Ouvi o que dizia:

— Não se lembra? — dizia. — Não é este o lugar!

Outra voz lhe respondia, provavelmente, pois ele replicou:

— Sim, sim, é hoje o dia, mas não é aqui o lugar.

Continuei a caminhar em direção ao muro. Não via nem ouvia ninguém. No entanto, o pequeno príncipe replicou mais uma vez:

— ... É certo! Você pode ver onde deixei o vestígio da minha presença na areia. É só esperar um pouco. Estarei aí esta noite.

Achava-me a vinte metros do muro e continuava a não ver ninguém.

O pequeno príncipe voltou a falar, após curto silêncio:

— Tem veneno do bom? Tem certeza que não vai me fazer sofrer demais?

Detive os passos, com dor no coração, mas não compreendia nada.

— Agora vá... — disse. — Vou descer.

Naquele momento, voltei o olhar para a parte debaixo da ruína do muro, e dei um salto! Lá estava, com a cabeça esticada para o pequeno príncipe, uma dessas serpentes amarelas que matam as pessoas em trinta segundos!

Enquanto procurava a pistola no bolso, acelerei o passo; mas, por causa do barulho que fiz, a serpente foi deslizando aos poucos na areia e, sem pressa, como um jato de água que vai terminando, esgueirou-se por entre as pedras, fazendo ouvir um velho ruído metálico.

Antes da Paixão, Jesus diz aos discípulos algumas palavras que soam um pouco como uma repreensão:

"Agora vou para aquele que me enviou, e ninguém de vós me pergunta: Para onde vais? Mas porque vos falei assim, a tristeza encheu o vosso coração. Entretanto, digo-vos a verdade: convém a vós que eu vá, porque, se eu não for, o Paráclito não virá a vós; mas se eu for, vo-lo enviarei." (Jo 16, 5-7)

Mesmo os apóstolos, como todos nós, continuaram sem entender. Eles conversam entre si, e há algo de tragicômico nas perguntas que se fazem. Jesus promete que chegará o dia em que não haverá mais necessidade de pedir nada, porque tudo será alegria:

"'Ainda um pouco de tempo, e já me não vereis; e depois mais um pouco de tempo, e me tornareis a ver, porque vou para junto do Pai.' Nisso alguns dos seus discípulos perguntavam uns aos outros: 'Que é isso que ele nos diz: Ainda um pouco de tempo, e não me vereis; e depois mais um pouco de tempo, e me tornareis a ver? E que significa também: Eu vou para o Pai?' Diziam então: 'Que significa este pouco de tempo de que fala? Não sabemos o que ele quer dizer.'

Jesus notou que lho queriam perguntar e disse-lhes: 'Perguntais uns aos outros acerca do que eu disse: Ainda um pouco de tempo, e não me vereis; e depois mais um pouco de tempo, e me tornareis a ver? Em verdade, em verdade vos digo: haveis de lamentar e chorar, mas o mundo se há de alegrar. E haveis de estar tristes, mas a vossa tristeza se há de transformar em alegria.

Quando a mulher está para dar à luz, sofre porque veio a sua hora. Mas, depois que deu à luz a criança, já não se lembra da aflição, por causa da alegria que sente de haver nascido um homem no mundo. Assim também vós: sem dúvida, agora estais tristes, mas hei de ver-vos outra vez, e o vosso coração se alegrará e ninguém vos tirará a vossa alegria. E naquele dia nada me perguntareis.'" (Jo 16, 16-23)

Cheguei ao muro a tempo exato de receber nos braços meu amável pequeno príncipe, pálido como a neve.

— Que história é essa?! Fala com serpentes agora?!

Desamarrei o cachecol dourado que ele nunca abandonava. Molhei-lhe as têmporas e dei-lhe de beber. Agora, já não ousava dizer nada. Ele me olhava seriamente e atirou-se em meus braços, agarrando meu pescoço. Sentia seu coração bater como o de um pássaro morrendo quando ferido por um tiro de espingarda.

Disse-me ele:

— Estou muito contente porque encontrou o que faltava à sua máquina. Agora já pode voltar para onde vive...

— Como sabe disso?

Eu viera encontrar com ele justamente para anunciar que, contra todas as expectativas, conseguira reparar o avião.

Na noite da Paixão, Jesus se distancia dos discípulos e começa a rezar:

"'*Pai, se é de teu agrado, afasta de mim este cálice! Não se faça, todavia, a minha vontade, mas sim a tua.' Apareceu-lhe então um anjo do céu para confortá-lo. Ele entrou em agonia e orava ainda com mais instância, e seu suor tornou-se como gotas de sangue a escorrer pela terra. Depois de ter rezado, levantou-se, foi ter com os discípulos e achou-os adormecidos de tristeza.*" (Lc 22, 42-45)

Ele não deu resposta à minha pergunta, e simplesmente acrescentou:

— Também eu, hoje, volto para onde vivo...

Em seguida, em tom melancólico:

— É bem mais longe... É bem mais difícil...

Eu percebia que algo extraordinário estava acontecendo. Estreitei-o em meus braços, como uma criancinha, mas parecia-me que ele escorregava na vertical para um abismo, sem que ninguém pudesse detê-lo...

Ele estava pensativo, olhando, concentrado em algo longínquo.

— Eu tenho sua ovelha. E a caixa para a ovelha. E tenho a mordaça...

Dito isso, sorriu melancolicamente.

Esperei bastante tempo para responder. Percebi que ele se reanimava aos poucos:

— Garoto, você está com medo...

Estava com medo, sim, sem dúvida alguma! Mas ele riu com doçura:

— Ficarei com muito mais medo hoje à noite...

Mais uma vez, era como se uma rajada de vento glacial tomasse conta de mim, por causa da sensação do irreparável. Compreendi que não suportaria a ideia de nunca mais ouvir aquele riso. Era para mim como uma fonte no deserto.

— Ó garoto, quero ouvi-lo rir de novo!

Mas ele me disse:

— Esta noite fará um ano. Minha estrela estará bem sobre o lugar onde caí no ano passado...

— Garoto, essa história da serpente e do encontro com a estrela, não parece um pesadelo?...

Mas ele não respondeu à minha pergunta. Disse apenas:

— O que importa é o que não se vê...

Os Reis Magos olharam para as estrelas para se orientarem na jornada para Belém:

"E eis que a estrela, que tinham visto no Oriente, os foi precedendo até chegar sobre o lugar onde estava o menino e ali parou. A aparição daquela estrela os encheu de profunda alegria." (Mt 2, 9-10)

No Evangelho de João, Jesus fala várias vezes do grande Consolador (o Paráclito): "E eu rogarei ao Pai, e ele vos dará outro Paráclito, para que fique eternamente convosco" (Jo 14, 16). Ele é a terceira pessoa da Trindade, o Espírito Santo, a quem "o Pai enviará em meu nome, ensinar-vos-á todas as coisas e vos recordará tudo o que vos tenho dito" (Jo 14, 26). E ainda: "Quando vier o Paráclito, que vos enviarei da parte do Pai, o Espírito da Verdade, que procede do Pai, ele dará testemunho de mim" (Jo 15, 26).

Mas é preciso sair de si mesmo, oferecer a própria vida, para que o milagre se realize:

"Convém a vós que eu vá, porque, se eu não for, o Paráclito não virá a vós; mas se eu for, vo-lo enviarei." (Jo 16, 7)

— Claro

— É como quanto à flor. Quando a pessoa gosta de uma flor que se encontra numa estrela, é um deleite, durante a noite, olhar para o céu. Todas as estrelas ficam floridas...

— Claro...

— É como a água. A que você me deu para beber era como uma música, por causa da roldana e da corda... Lembra-se?... Era tão boa!

— Claro...

— À noite, olhe as estrelas. Onde vivo é muito pequeno para que eu possa mostrar onde se acha minha estrela. Melhor assim. Para você, minha estrela será como outra qualquer. Desse modo, você amará olhar para todas as estrelas... Todas serão suas amigas. Em seguida, eu lhe darei um presente...

E voltou a rir.

— Ah! Garoto, garoto, gosto mesmo é de ouvir esse riso!

— Será justamente este o meu presente... Será como a água...

— Que quer dizer com isso?

— As pessoas têm estrelas que não são as mesmas. Para uns, os que viajam, as estrelas são guias. Para outros, não passam de luzinhas. Para outros ainda, que são sábios, são problemas por resolver. Para meu homem de negócios, eram de ouro. Mas todas essas estrelas emudecem. Você, pelo contrário, terá estrelas como ninguém tem...

— Que quer dizer com isso?

— Quando à noite olhar para o céu, pois morarei em uma delas, pois rirei em uma delas, então, para você, será como se todas as estrelas rissem! Veja, você terá estrelas que sabem rir!

E riu mais uma vez.

— E quando for consolado (a pessoa se consola sempre) ficará contente por me ter conhecido. Sempre será meu amigo. Terá vontade de rir comigo. E abrirá às vezes a janela, pelo mero prazer de abrir... E seus amigos ficarão surpresos quando o virem rir ao olhar

Pedro, que acaba de reconhecer Jesus como o Cristo, não aceita a perspectiva da cruz. Jesus adverte: *"E começou a ensinar-lhes que era necessário que o Filho do homem padecesse muito, fosse rejeitado pelos anciãos, pelos sumos sacerdotes e pelos escribas, e fosse morto, mas ressuscitasse depois de três dias"* (Mc 8, 31). Mas Pedro, escandalizado, o chama de lado e o repreende. Então Jesus levanta a voz, tem uma forte reação sob os olhos dos outros discípulos, e quase o afugenta: *"Afasta-te de mim, Satanás, porque teus sentimentos não são os de Deus, mas os dos homens"* (Mc 8, 33).

Depois, reúne todos e diz: *"Se alguém me quer seguir, renuncie-se a si mesmo, tome a sua cruz e siga-me. Porque o que quiser salvar a sua vida, perdê-la-á; mas o que perder a sua vida por amor de mim e do Evangelho, salvá-la-á"* (Mc 8, 34-35).

para o céu. Então, você lhes dirá: "Sim, as estrelas, isso sempre me faz rir..." E eles pensarão que você enlouqueceu. Eu lhe terei pregado uma bela peça...

E voltou a rir.

— Será como se eu lhe tivesse dado, em vez de estrelas, uma infinidade de sininhos que sabem rir...

E voltou a rir. Depois, o semblante ficou sério de novo:

— Esta noite... Sabe... Não venha...

— Não o abandonarei!

— Parecerá que não estou bem... Darei a impressão de que estou morrendo. É assim. Não venha ver isso, pois não vale a pena.

— Não o abandonarei!

Mas ele estava preocupado.

— Digo-lhe isso... Também é por causa da serpente. Não quero que ela o pique... As serpentes são más. Podem picá-lo só por prazer...

— Não o abandonarei!

Mas algo o tranquilizou:

— É verdade que acaba faltando veneno para a segunda picada...

Nessa noite, não o vi sair. Escapuliu sem fazer barulho. Quando consegui alcançá-lo, dava passadas rápidas e decididas. Disse-me apenas:

— Ah! Você está aí...

E deu-me a mão. Mas sua fisionomia continuava a revelar aflição:

— Fez mal em vir. Você sofrerá. Parecerá que morri, mas não será verdade...

Eu continuava calado.

— Você me compreende? É longe demais. Não posso levar este corpo até lá. É pesado demais.

Há um momento em que não há mais flores, apenas os espinhos de uma planta permanecem: *"Vestiram Jesus de púrpura, teceram uma coroa de espinhos e a colocaram na sua cabeça"* (Mc 15, 17). Às nove da manhã crucificam Jesus; às três da tarde morre, sob o olhar misericordioso de sua mãe, das outras mulheres que lhe haviam permanecido fiéis e do discípulo mais jovem (cf. Mc 15, 37-40; Jo 19, 25-27).

Eu continuava calado.

— Mas será como uma velha casca abandonada. As velhas cascas não chegam a ser uma coisa triste...

Eu continuava calado.

Ele perdeu um pouco o ânimo. Mas ainda fez um esforço:

— Será agradável, você sabe. Também eu olharei para as estrelas. Todas as estrelas serão poços d'água com uma roldana enferrujada. Todas as estrelas me darão de beber...

Eu continuava calado.

— Será muito divertido! Você terá quinhentos milhões de sininhos, e eu terei quinhentos milhões de fontes...

E ele também se calou, porque chorava...

— É este o lugar... Deixe-me dar um passo sozinho.

E sentou-se porque tinha medo. Acrescentou:

— Você sabe... Minha flor... Sou responsável por ela... E ela é tão fraca! E é tão ingênua! Só tem quatro espinhos para protegê-la do mundo...

Também eu me sentei, pois não conseguia manter-me em pé. Ele disse:

— É isso... É tudo...

Hesitou alguns instantes, depois se levantou. Deu um passo. Eu já não podia mover-me.

Foi só um clarão amarelo em seu tornozelo. Ele ficou imóvel por um instante. Não gritou. Caiu de mansinho, assim como cai uma árvore. Nem sequer fez barulho, por causa da areia.

Quando não se encontra o que se procura, descobre-se o essencial. Os discípulos não encontraram Jesus no sepulcro, e só porque não viram o seu corpo, foram capazes de olhar para além e compreender quem é realmente o Mestre:

"No primeiro dia que se seguia ao sábado, Maria Madalena foi ao sepulcro, de manhã cedo, quando ainda estava escuro. Viu a pedra removida do sepulcro. Correu e foi dizer a Simão Pedro e ao outro discípulo a quem Jesus amava: 'Tiraram o Senhor do sepulcro, e não sabemos onde o puseram!' Saiu então Pedro com aquele outro discípulo, e foram ao sepulcro. Corriam juntos, mas aquele outro discípulo correu mais depressa do que Pedro e chegou primeiro ao sepulcro. Inclinou-se e viu ali os panos no chão, mas não entrou. Chegou Simão Pedro que o seguia, entrou no sepulcro e viu os panos postos no chão. Viu também o sudário que estivera sobre a cabeça de Jesus. Não estava, porém, com os panos, mas enrolado num lugar à parte. Então entrou também o discípulo que havia chegado primeiro ao sepulcro. Viu e creu. Em verdade, ainda não haviam entendido a Escritura, segundo a qual Jesus devia ressuscitar dentre os mortos." (Jo 20, 1-9)

CAPÍTULO 27

E agora, é claro, já se vão seis anos... Nunca contei esta história. Os colegas, ao me reverem, ficaram muito contentes por me encontrarem vivo. Eu estava triste, mas lhes dizia: "É o cansaço..."

Agora, estou um pouco mais consolado. Quer dizer... não completamente. Mas estou certo de que ele retornou a seu planeta, porque, ao nascer do dia, não encontrei seu corpo. Afinal, não era um corpo assim tão pesado... Além disso, à noite gosto de ouvir as estrelas. É como se quinhentos milhões de sininhos estivessem tinindo...

Algo inusitado, porém, ocorreu. Eu me esquecera de costurar a correia na mordaça que desenhei para o pequeno príncipe! Sem isso, jamais conseguiria prender a ovelha! Naquele momento, eu me perguntei: "Que aconteceu no planeta dele? Talvez a ovelha tenha comido a flor..."

Outras vezes, eu me dizia: "Certamente não! O pequeno príncipe guarda sua flor todas as noites na redoma, e observa o movimento da ovelha..." Então fico feliz. E todas as estrelas riem suavemente.

Outras vezes ainda, pensava: "É muito comum, uma vez ou outra, a pessoa distrair-se. Bastaria isso. Digamos que uma noite ele tenha esquecido a redoma, ou que a ovelha tenha escapado, sem fazer barulho, na escuridão..." Neste caso, os sininhos então se transformam em lágrimas!...

Paulo anuncia um mistério aos Coríntios, o de que não morreremos, mas seremos transformados (cf. 1Cor 15, 51). E na primeira carta a Timóteo (1Tm 3, 16), ele diz que o mistério do amor é grande:
"Ele foi manifestado na carne,
e justificado no Espírito,
visto pelos anjos,
anunciado aos povos,
acreditado no mundo,
exaltado na glória."

Em Cristo *"todos os tesouros da sabedoria e do conhecimento estão escondidos"* (Cl 2, 3). Mas teremos que esperar o último som da trombeta para que o mistério de Deus nos seja completamente revelado (cf. Ap 10, 7).

É um grande mistério! Tanto para você, que também gosta do pequeno príncipe, quanto para mim, tudo muda no universo, em toda parte — e, não se sabe bem onde, uma ovelha poderá ou não ter comido uma rosa...

Olhe o céu. Pergunte a si mesmo: A ovelha terá ou não comido a flor? Você verá como tudo muda...

E jamais uma pessoa crescida compreenderá por inteiro a grande importância disso!

Tendo chegado à conclusão, é útil lermos os versículos finais do último capítulo de cada Evangelho. O jogo de perguntas do pequeno príncipe lembra aquelas insistências de Jesus a Pedro: *"Simão, filho de João, me amas?"* (cf. Jo 21, 15-17). Se houver amor verdadeiro, qualquer separação, por mais temporária que seja, é dolorosa. Quando Jesus sobe ao céu, apesar da gloriosa solenidade do momento, há muita melancolia nele e entre os discípulos. Ele tenta consolar os seus: *"Estou convosco todos os dias, até o fim do mundo"* (Mt 28, 20). Mas percebe-se que tanta coisa extraordinária não é suficiente para acalmar as almas, e que a alegria se mistura ao tumulto dos corações; por isso os apóstolos sentem a necessidade de ir ao templo para perceber, através da oração, a presença do Cristo que acabara de deixá-los.

"Depois os levou para Betânia e, levantando as mãos, os abençoou. Enquanto os abençoava, separou-se deles e foi arrebatado ao céu. Depois de o terem adorado, voltaram para Jerusalém com grande júbilo. E permaneciam no templo, louvando e bendizendo a Deus." (Lc 24, 50-53)

Marcos (16, 20) vai mais longe e nos diz que a ação segue a oração de louvor:

"Então os discípulos partiram e pregaram por toda parte. O Senhor cooperava com eles e confirmava a sua palavra com os milagres que a acompanhavam."

À espera do retorno definitivo.

Isso é para mim, a mais bela e a mais triste paisagem do mundo. É a mesma paisagem da página anterior, mas eu desenhei-a uma vez mais para mostrá-la a vocês. É aqui que o pequeno príncipe apareceu na Terra, e depois desapareceu.

Olhem atentamente esta paisagem a fim de estar seguros de reconhecê-la, se viajarem um dia na África, no deserto. E, se ocorrer de passar por lá, suplico que não se apressem, aguardem um pouco bem sob a estrela! Se então um menino vier até você, se ele rir, se tiver cabelos de ouro, se não responder quando interrogado, você terá certeza de que é ele. Seja gentil, então! Não me deixe tão triste: escreva-me logo dizendo que ele voltou...

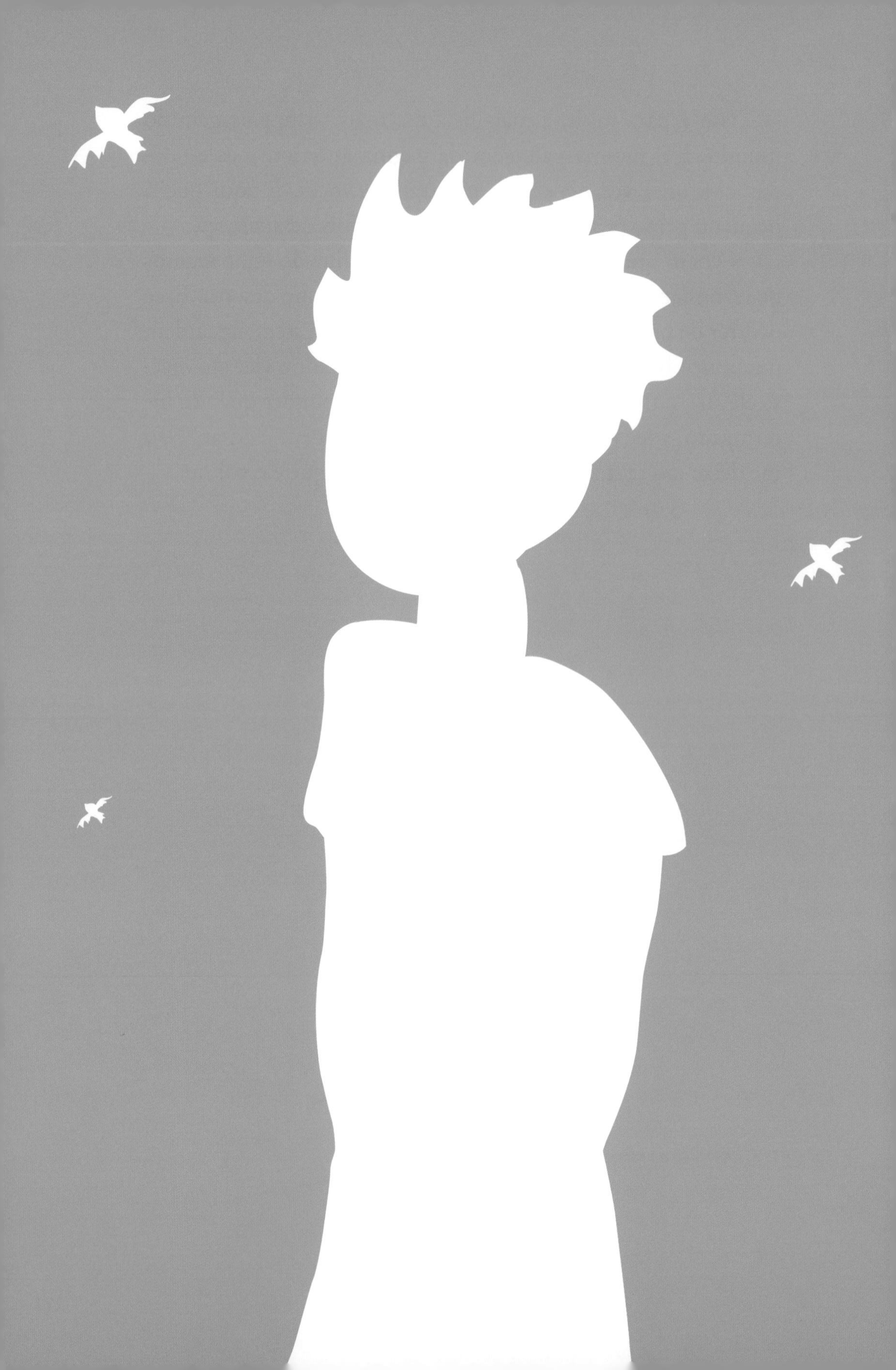

Posfácio

O "Novíssimo Testamento" de Saint-Exupéry

por Enzo Romeo

Com suas histórias, cartas, notas e, claro, com a fábula do homenzinho que saiu do seu asteroide B 612 para vir ao nosso planeta, Saint-Exupéry escreveu uma espécie de "Novíssimo Testamento". Não é surpreendente que, depois da Bíblia, *O Pequeno Príncipe* seja uma das publicações mais populares no mundo. O autor quase nunca menciona Jesus em seus escritos, mas a presença do Nazareno é constantemente evocada e há quem leia o conto numa chave cristológica: o corpo do protagonista não é encontrado após sua morte, assim como o de Jesus desapareceu do túmulo após a crucificação. E na rosa que o homenzinho deixou, além da figura da esposa ou mãe do autor, pode-se vislumbrar a figura de Deus Pai, a quem o Filho aspira retornar ao final de tantas tribulações na terra.

De fato, as páginas do piloto-escritor francês estão repletas de referências religiosas, no sentido mais amplo e profundo do termo. É possível encontrar, aqui e ali, até exegese bíblica. Após cair nas dunas do deserto cirenaico no final de 1935, durante o fracassado voo Paris-Saigon, ele reinterpreta o episódio de Jacó e Esaú (Gn 25, 29-34). Por dias ele e o mecânico Prévot ficaram sem comida e sem água. E quando foram resgatados pelos beduínos, não lhes mataram a sede imediatamente; primeiro fizeram-lhes engolir um purê de lentilhas para relaxar suas gargantas secas e inchadas. Só depois, finalmente, ofereceram-lhes a tão desejada água. Portanto, é verdade: Esaú vendeu a primogenitura por um prato de lentilhas, mas não foi um gesto insensato. A realidade, segundo Saint-Exupéry, é que Esaú voltou do deserto quase morto de sede e renunciou aos seus privilégios não pela ganância de uma refeição a ser consumida, mas pela água que lhe foi dada logo depois, e que salvou sua vida.

O beduíno que milagrosamente veio ao encontro dele e do mecânico, aparece para Saint-Exupéry "como um deus no mar". Um pobre nômade que coloca as "mãos de arcanjo" em seus ombros e nos de seu companheiro. O escritor em *Terra dos homens* o celebra com algumas linhas que lembram uma ode:

> "Quanto a ti que nos salvas, beduíno da Líbia, neste momento mesmo tu te apagas para sempre de minha memória. Não me lembrarei nunca de teu rosto. És o Homem e me

apareceste com o rosto de todos os homens. Nunca nos viste, mas já nos reconheces. És o irmão bem-amado. E eu te reconhecerei em todos os homens.

Tu me apareces banhado de nobreza e benevolência, grande senhor que tens o poder de dar água. Todos os meus amigos, todos os meus inimigos caminham em ti para mim — e eu não tenho mais um único inimigo no mundo."[1]

Símbolos religiosos

Saint-Exupéry diz que o único pão que desejava era "o pão dos anjos". Nada fazia sentido para ele além do espiritual. Mesmo — diz ele — seus amores profanos. Somos seres vazios se não nos tornamos janelas abertas para Deus ou lâmpadas capazes de iluminar o seu mistério. O mundo físico e interior, como um todo, só pode ser explicado por Deus. O caminho intelectual do escrivão de uma subprefeitura, ou seja, de um homem comum, também pode ser medíocre, mas se ele seguir um caminho espiritual, ainda que de forma rudimentar, servirá para formar sua alma. Ele afirma que conhece apenas um ato fértil, a oração. E todos os atos são oração ao se tornarem um dom em si mesmo.

Há também uma referência eucarística na sua reflexão sobre estarmos juntos à mesa. Ele fala disso na sua *Carta a um refém*, referindo-se às suas refeições com Léon Werth:

"[...] não estou perdido no mundo, sou desta mesa, em torno da qual comunicamos acima das palavras numa substância secreta e preciosa. Secreta, mas não obscura, pois nada no mundo era mais evidente para nós do que esta substância.

[...] aqui, na França, onde existe a culinária mais perfeita, a refeição também tem um sentido luminoso de comunhão, uma vez que a comida tem também um valor espiritual e a

---

[1] *Terra dos homens*. Rio de Janeiro: Nova Fronteira, 2015, cap. VII.

> divisão do pão, no ritual do agricultor, tem a dignidade de um sacrifício. Diz-se, entre nós, 'partir o pão'."[2]

Como se vê, são frequentes os símbolos emprestados da tradição judaico-cristã. O seu olhar sobre as coisas últimas aparece nele influenciado fortemente pela imagem evangélica do grão de trigo: só a sua morte pode fazer germinar a planta (cf. Jo 12, 24). Em *Piloto de guerra*, livro em que celebra a civilização cristã que "fez os homens irmãos no Homem",[3] explica por que os membros do grupo de reconhecimento aéreo 2-33 se ofereceram para lutar como voluntários ao lado dos finlandeses e noruegueses ameaçados por Hitler e Stálin. Aceitaram, ainda que confusos, morrer por um certo gosto das festas de Natal:

> "A salvação daquele sabor, no mundo, pareceu-lhes justificar o sacrifício das suas vidas. Se tivéssemos sido o Natal do mundo, o mundo teria sido salvo através de nós."[4]

E quando expressa o conceito de responsabilidade, Saint-Exupéry se refere ao sacrifício de Jesus, que, ainda que puro e inocente, sacrifica-se por todos:

> "Compreendo pela primeira vez um dos mistérios da religião de onde emergiu a civilização e que reivindico como meu: 'Carregar os pecados dos homens...'. E cada um carrega os pecados de todos os homens."[5]

No *Correio do Sul*, algumas das páginas mais intensas são aquelas em que Saint-Exupéry descreve o sermão que o protagonista Bernis ouve em Notre-Dame. Para colocar o fardo dos outros em seus ombros, você

---

[2] Esboços da *"Carta a um refém"*. In: *Œuvres complètes*. Paris: Gallimard, 1994, v. II., p. 1.289.

[3] *Pilote de guerre*. Paris: Gallimard, 1990, cap. XXVI, p. 202.

[4] *Ibidem*, cap. XXIV, p. 191.

[5] *Ibidem*.

precisa ter a humildade de reconhecer seus pecados, ou seja, reconhecer os próprios erros. Isso não deve ser atribuído à fatalidade, mas altamente considerado. E é fazendo exatamente isso que o homem reivindica seu poder de ser vivo dotado de consciência. A verdadeira humildade, explica ele, não é submissão aos homens, mas submissão a Deus.

Os baobás são "árvores grandes como igrejas", como se diz em *O Pequeno Príncipe*. Saint-Exupéry costuma usar a imagem da igreja, na verdade, da catedral, como alegoria. A catedral — afirma ele — não faz parte da cadeia de produção e distribuição de bens, não aumenta o chamado bem-estar. No entanto, a única estrutura que vale a pena focar é aquela que melhor favorece a criação e a vida espiritual. A catedral é o símbolo de uma civilização fraterna e harmoniosa, capaz de se elevar acima das limitações e das misérias humanas. Ela transcende as pedras individuais e assume a forma de uma única construção solene, tal como uma pintura de Renoir transcende as manchas de cor e se torna uma obra de arte. É por isso que se admira a catedral como um todo, não uma soma de pedras; exatamente como se admira uma bela mulher e não uma soma de células.

A inspiração para o transcendente

Em Saint-Exupéry, começando com *O Pequeno Príncipe*, há um anseio constante pelo absoluto, que o leitor pode facilmente identificar. Em *Cidadela* (onde a presença de Deus pode ser discernida a partir do título: cidade d'Ele) há passagens que se comparam com os escritos dos grandes místicos cristãos. Como esta:

> "Caminho fazendo orações que não são respondidas [...] e, no entanto, louvo-te, Senhor, pelo fato de não me responderes, porque se encontrasse o que procuro, Senhor, é porque teria acabado de me realizar."[6]

Saint-Exupéry é o intérprete das angústias de hoje, do nosso nomadismo espiritual e daquela beleza indescritível da qual o homem moderno sente

---

[6] *Cidadela*, final do cap. CCXIII. In: *Œuvres complètes, op. cit.*, v. II, p. 319-321.

uma profunda melancolia.[7] Um explorador do absoluto, de Deus, difícil de classificar. Há quem tenha tentado colocá-lo entre os heróis da França cristã — de Joana d'Arc ao abade Pierre. Mas a sua vida e as suas páginas não oferecem soluções predefinidas, simplesmente nos convidam a nos juntarmos a ele em sua busca, a participarmos, à nossa maneira, dos seus longos ataques aéreos, quando, acariciado pelas nuvens, sobrevoava campos e cidades, mares e desertos, com o desejo de alcançar dimensões ainda mais elevadas e ver as coisas na sua totalidade. "As montanhas, as tempestades, as areias, estes são os meus deuses familiares",[8] escreveu ele.

Viajando, especialmente à noite, ele adorava ouvir a vibração do motor, parecido ao bater de um coração. Uma experiência que para ele era como uma lavagem da alma: os detalhes da superfície terrestre desapareciam e apenas a luz das estrelas permanecia visível. Todas as preocupações que eram consideradas capitais iam sendo lentamente apagadas. A raiva, os ciúmes, os desejos desordenados davam lugar a pensamentos profundos e criava-se uma austeridade interior que revigorava. Visto lá de cima o amanhecer aparecia ao longe, como uma fonte de luz, um poço artesiano de onde nasce o dia. E, finalmente, quando reduzia a velocidade e começava a descida em direção ao aeroporto, tendo escapado das tempestades e falhas mecânicas, voltava-lhe o desejo de saborear a vida. As florestas, os rios, os telhados vermelhos das casas eram tesouros que vinham ao seu encontro. Lá de cima a Terra se mostrava em toda a sua beleza harmoniosa. E, talvez, a reconciliava com o Céu.

Em cada página revela o desejo de romper com a banalidade cotidiana e projetar-se noutro mundo, num planeta ideal, como, aliás, o do homenzinho, que é o protagonista do seu livro mais famoso. Daí a atração para o mundo religioso. Saint-Exupéry é atraído, por exemplo, pela solenidade da liturgia latina. Uma semana antes da sua morte, no dia 24 de julho de 1944, batizou Christian Gavoille, o filho do capitão da

---

[7] Para uma discussão completa, indico meu livro *L'invisibile bellezza. Antoine de Saint-Exupéry cercatore di Dio*.

[8] Carta a Nelly de Vogüé (Orano, 1937). *In*: Paul Webster. *Saint-Exupéry, vie et mort du petit prince*. Paris: Édition du Félin, 2000, p. 192.

sua patrulha, numa pequena igreja em Túnis. Após a cerimônia, durante a recepção, obrigou a madrinha a ir procurar o missal para repetir o ritual com ele, relendo as fórmulas, recitando o Credo e as demais orações.

Nem deveria ser surpreendente a sua paixão pelo canto gregoriano e o desejo dessa ideia sedutora, tantas vezes mencionada nas suas cartas, de se retirar um dia para o mosteiro beneditino de Solesmes, na bela região do Loire:

> "Se eu tivesse fé, é bastante certo que, uma vez passada esta era de 'trabalho necessário e ingrato', eu não suportaria mais nada senão Solesmes. Como vê, já não podemos viver de frigoríficos, política, jogo de cartas e palavras cruzadas! Já não se pode. Já não se pode viver sem poesia, cor ou amor."[9]

Ele dizia que algo como o canto gregoriano deveria chover sobre as pessoas e lamenta não ter uma crença suficientemente forte para se tornar um monge. Foi a Solesmes pela primeira vez quando tinha dez anos, numa viagem de peregrinação com a escola jesuíta de Le Mans, onde tinha sido enviado pela sua família para estudar com o seu irmão mais novo François, que morreu quando tinha apenas quinze anos. Muitas vezes, já adulto, Saint-Exupéry referia-se nostalgicamente a este lugar, à vida retirada dos monges e às suas canções. É como se ele soubesse que ali, e só ali, havia algo importante e indizível, capaz de dar plenitude à própria vida.

O chamado das estrelas

A vida do monge remete à solidão que Saint-Exupéry experimentou no deserto. Na realidade, a solidão dos céus e a do deserto se cruzam e se somam na sua experiência. Um homem fascinado pelo silêncio, que pacifica e supera todos os conflitos da linguagem e que representa "a realização, enfim, do deus sem rosto e sem voz, do deus sorriso".[10]

---

[9] Carta ao general X (não enviada, junho de 1943). In: *Œuvres complètes, op. cit.*, v. II, p. 328-334.

[10] Michel Quesnel e Michel Autrand. *Préface générale*. In: *Œuvres complètes, op. cit.*, v. I, p. LI.

Em *Voo noturno*, o piloto Fabien está às voltas com um furacão nos céus da Argentina quando surge um vislumbre de céu claro, onde o brilho de algumas estrelas penetra nas nuvens rasgadas. A luz delas é um chamado irresistível, mesmo que o piloto saiba que é uma armadilha, porque se atravessar aquela fenda o furacão abaixo fechará todas as passagens e não será possível descer novamente; então, o piloto só poderá vagar entre as estrelas enquanto tiver combustível, depois sumirá para sempre. De qualquer maneira, Fabien decide subir para saciar "sua fome de luz".[11] A reflexão religiosa é evidente: Deus é a luz que tudo colore, dirá o escritor em *Cidadela*.[12]

Em fevereiro de 1927, o escritor foi designado como piloto na linha Casablanca-Dakar. A dez mil quilômetros de Paris, onde tudo é distante e turvo, ele fez sua "cura do silêncio". A advertência de Jesus de que "não só de pão viverá o homem" (Mt 4, 4) aparece em detalhes nas descrições que Saint-Exupéry faz do deserto e de sua essencialidade. Aquela vida, embora espartana e cheia de riscos, parece-lhe maravilhosa e o deixava feliz, e há tantas coisas para descobrir que ele passa o tempo todo maravilhado. No deserto o mundo assume um outro aspecto, como "uma quarta dimensão". O tempo, as distâncias, tudo parece ter um significado diferente e torna-se quase espíritos desencarnados. Na solidão de Cap Juby, ele escreveu *Correio do Sul*, em 1928. Na primeira versão manuscrita, que depois se tornou muito mais enxuta, o protagonista Jacques Bernis morre após três longas noites de agonia. No delírio da febre, as palavras têm o tom de uma oração:

> "Senhor, amei uma vida que não compreendi muito bem, uma vida que não é de toda fiel: nem sei bem do que senti necessidade, era um desejo leve. Eu o procurava pelas multidões das cidades. Todas as mulheres vinham até mim e levavam esse desejo, e todas as vezes eu provava uma imensa melancolia ao deixá-las. Mas não encontrava o que desejava. Era, Senhor, outra coisa, muito distante, nas profun-

---

[11] *Volo di notte*. Milão: Oscar Mondadori, 1991, cap. XV, p. 85.

[12] *Cidadela*, cap. XCIV. In: *Œuvres complètes*, op. cit., v. II, p. 567.

dezas de mim mesmo. Eu ouvia Mozart, mas isso não me nutria. Debussy ou Schubert, não era isso. E então, de repente, uma nota, duas notas... Aí eu estava quase tremendo, senti que estavam falando comigo e por cinco minutos era a voz que eu esperava. Estava muito perto do que eu estava procurando. Parecia-me que com esforço eu iria entender, finalmente conhecê-la e levá-la comigo. E fiquei abalado com essa presença que nunca consegui trazer à luz. Esta noite eu blefo um pouco, Senhor, mas acho que estou adivinhando... não tenho acreditado muito em Ti, mas sou fraco e amo a esperança."[13]

O deserto de Saint-Exupéry e do pequeno príncipe não é um deserto que esmaga e aniquila; é um lugar da alma, onde tudo, cada pensamento, é transfigurado, onde tudo é visto não na superfície (há apenas um horizonte de areia), mas em profundidade. O deserto é uma espécie de grande máquina de raios X que permite que você olhe até onde não consegue ver.

O efêmero e o eterno

Quando o pequeno príncipe chega ao sexto planeta, entra numa discussão com o cartógrafo sobre o efêmero e o eterno. O velho senhor anuncia que sua rosa é efêmera porque está destinada a desaparecer em pouco tempo. Mas isso é realmente verdade? É preciso confiar no coração para compreender a verdadeira substância das coisas. O principezinho convida o piloto, que ficou encalhado nas dunas com seu avião e se tornou seu companheiro de aventura, a ir à procura de um poço. No momento a ideia parece absurda: como encontrar um poço, ao acaso, na imensidão do deserto? Mas, por fim, eles partiram e caminharam até cair a noite. Olhando para o céu estrelado, o homenzinho comenta:

"As estrelas são lindas, por causa de uma flor que não se pode ver..."

---

[13] *Notes et variantes* de *Courrier Sud*. In: *Œuvres complètes, op. cit.*, v. I, p. 949-950.

Então, o piloto percebe que o deserto é lindo e fascinante porque você não vê nada, não ouve nada e ainda assim pode sentir algo brilhando naquele silêncio. "O que torna o deserto bonito", diz o pequeno príncipe, "é que esconde um poço em algum lugar...". Não devemos parar, não devemos desistir de procurar, não é certo deixarmo-nos morrer. Em algum lugar, no deserto de nossa vida, está o poço da salvação, que nos permite ir mais longe, mudar de rumo e encontrar a esperança.

Saint-Exupéry refere-se à sua infância, à grande casa de Saint-Maurice, para descrever aquela misteriosa irradiação da areia:

> "Quando eu era um garotinho, vivia numa casa antiga, e uma lenda dizia que lá estava escondido um tesouro. É claro que ninguém jamais o havia descoberto, ou talvez jamais o tenha procurado. Mas isso a tornava bela. Minha casa escondia um tesouro, no fundo de seu coração...
> 'Sim!', eu disse ao pequeno príncipe, 'seja a casa, as estrelas ou o deserto, o que torna as coisas belas é invisível!'"

A cena do poço lembra o episódio da mulher samaritana. "Tenho sede desta água", diz o pequeno príncipe. Não qualquer água, mas a água que realmente mata a sede, porque vem das camadas mais profundas daquele solo sobre o qual se funda a existência do homem.

Mesmo o discurso sobre a exclusividade do amor se presta a muitas referências. As outras rosas são lindas, mas vazias. Você não pode morrer por elas. Só conta uma, aquela que o principezinho regou, cuidou, defendeu, suportou. As outras rosas são como a raposa antes de ser domesticada, semelhantes a milhares de outras. Agora aquela raposa se tornou uma amiga e, portanto, é uma criatura única no mundo. Capaz de compartilhar seu segredo, o mais simples e famoso de toda a literatura de Saint-Exupéry:

> "Não se pode ver bem a não ser com o coração. O essencial é invisível aos olhos."

A morte e as respostas de Deus

Na fábula há o fascínio pela morte purificadora e o grande desejo de um renascimento espiritual. "Vou parecer morto e não será verdade", diz o principezinho ao se despedir do piloto. Palavras que tomarão o tom de uma profecia após o desaparecimento de Saint-Exupéry e a busca vã por seu corpo.

"É tudo um grande mistério", diz o aviador ao concluir a história. De fato, em cada página da fábula algo de misterioso emerge de forma discreta, mas constante. E, à semelhança do grande mistério cristão, não pode ser totalmente explicado ou compreendido. O pequeno príncipe, observou-se com razão, "fascina por seu estranho poder de fazer o absoluto descer à terra por alguns instantes".[14] O último convite do narrador é parar por um momento sob as estrelas, no deserto, para aguardar o encontro com a criança de cabelos dourados. Saint-Exupéry, que amava muito o Natal, talvez queria que vislumbrássemos a figura do menino Jesus. Parece uma tentativa extrema de penetrar no mistério da Encarnação, de ter juntos Deus e o homem, que em seu pensamento estão constantemente presentes, mas muitas vezes paralelos. Da mesma forma, ele tenta conciliar sua infância (o pequeno príncipe) com a idade adulta (o aviador). Dostoiévski já havia dito que só alguém puro de coração — seu *Idiota* e *O Pequeno Príncipe* são equivalentes nisso — pode compreender a verdade: é preciso sacrificar a própria vida para permanecer fiel ao amor pelo qual é responsável, certo da existência de um além que supera a morte. O piloto está convencido de que seu amigo "retornou ao seu planeta, porque, ao nascer do sol, não encontrei seu corpo". Jesus também volta ao Pai com a Ascensão, mas seus amigos aguardam seu retorno definitivo.

Uma vida cheia de aventuras e amor, a de Saint-Exupéry, interrompida aos 44 anos, no final da última missão de reconhecimento sobre os céus da França, pilotando uma aeronave americana *Lightning* de cauda dupla, um avião para jovens e belos pilotos, não para um "fora de cota" como ele. As limitações físicas de Antoine eram evidentes: ele já tinha dificuldade para usar os equipamentos de aviador, pesavam as consequências do acidente

---

[14] Marie-Anne Barbéris, citada em *Œuvres complètes, op. cit.*, v. II, p. 1355.

sofrido na Guatemala em 1938, durante o voo que o levaria de Nova Iorque à Terra do Fogo. Seu ombro esquerdo nunca se recuperou por completo, por isso ele não conseguia levantar totalmente os braços e nem conseguia usar o paraquedas. Em *Piloto de guerra*, ele escreveu:

> "Capitão, você certamente não pretende estar vivo depois da guerra."[15]

E seu capitão, o amigo René Gavoille, pouco antes da missão fatal, foi ter uma conversa séria com ele. No meio da noite, ele bateu à porta do seu quarto, no piso térreo da vila de Erbalunga, na Córsega. Encontrou Saint-Exupéry deitado na cama, todo paramentado, com as mãos atrás da cabeça. Era sempre assim: ele voltava melancólico e ficava relembrando o seu dia, preenchendo seus cadernos, até que finalmente adormecia profundamente quando começava a amanhecer. Gavoille não tinha a intenção de repreendê-lo, apenas dar-lhe um conselho, recomendar que tomasse cuidado, pois era um piloto com histórico de acidentes. Ele até enumerou certas imprudências cometidas durante a missão de 29 de junho. Saint-Exupéry compreendeu, mas implorou-lhe para que o deixasse continuar voando. Quem lia seus escritos na França corria o risco de ser enviado para campos de concentração; como ele poderia pendurar as chuteiras? Além disso, ele já tinha encarado a morte nos olhos e não tinha medo de enfrentá-la.

As palavras de Saint-Exupéry forçaram Gavoille a se render. Morrer não é nada quando você sabe por quem está morrendo, diz o escritor. Você morre por um povo, por amor, por um homem.

Tal como o pequeno príncipe faz pela sua amada rosa, Saint-Exupéry quer sacrificar-se para dar sentido à sua própria existência, pelo seu país pisoteado pelo nazismo, pelos seus entes queridos forçados a viver num país ocupado, por todos aqueles que sofriam sob um regime desumano. Era 31 de julho, um belo dia de verão, quando Saint-Exupéry caiu no Mediterrâneo, ao largo da Côte d'Azur. Talvez fosse a conclusão que ele desejava, e que fez dele um mito.

---

[15] *Pilote de guerre, op. cit.*, cap. I, p. 8.

Traições e fidelidade

O *mare nostrum* também engoliu as contradições de Saint-Exupéry, começando pela maior: a relação com sua esposa Consuelo, a pequena e animada salvadorenha que se tornaria a rosa da história. Uma mulher que é tão traída quanto procurada e amada. O casamento deles estava continuamente à beira do precipício, apenas para poder voltar aos trilhos e continuar.

Em 1940, quando as tropas nazistas entraram na França, Antoine ordenou que sua esposa deixasse a região de Paris e se juntasse aos deslocados que se dirigiam para o oeste. Naquele momento, os dois já viviam separados, mas estavam unidos igualmente por um sentimento profundo, semelhante a um vulcão inativo, mas que poderia entrar em erupção a qualquer momento. Consuelo, que tinha a típica religiosidade latino-americana, havia feito uma promessa a Nossa Senhora para que um dia pudesse ver seu marido são e salvo, pois estava empenhado em perigosas missões de reconhecimento aéreo para além das linhas inimigas. Mas o tempo passou, Consuelo chegou a Pau, nos Pirineus. Lá não tinha mais notícias de Antoine, que parecia tê-la esquecido para sempre, por isso aceitou ser cortejada por um oficial francês. Um belo dia, depois de muitos meses sem dar notícias, o marido finalmente reapareceu e, para reconquistar Consuelo, propôs uma peregrinação a Lourdes "para cumprir a promessa". Ela estava hesitante, mas acabou cedendo à insistência do marido. Eles foram ao santuário, permaneceram em oração na gruta em frente à imagem da Imaculada Conceição e se banharam com água benta. Então, Saint-Exupéry levou sua esposa para jantar e reavivou a chama que nunca se apagara. Foi uma segunda lua de mel, que não transformou a relação dos dois, mas de alguma forma a consolidou, impossibilitando uma separação definitiva.

O escritor também compôs uma oração para sua esposa recitar:

"Senhor, não vale a pena incomodá-Lo tanto.

Apenas me faça como eu sou.

Pareço vaidosa nas pequenas coisas, mas nas grandes sou humilde.

Pareço egoísta nas pequenas coisas, mas nas grandes sou capaz de dar tudo, até a vida.

Pareço impura muitas vezes nas pequenas coisas, mas sou feliz apenas na pureza.

Senhor, sempre me faça semelhante ao que meu marido vê em mim.

Senhor, Senhor, salve meu marido porque ele realmente me ama.

Sem ele eu me sentiria totalmente órfã.

Mas que ele morra antes de mim, Senhor, porque ele parece muito forte,

mas fica terrivelmente angustiado quando não me ouve fazendo barulho em casa.

Senhor, poupe-o desta angústia. Certifique-se de que eu sempre faça barulho na casa dele, mesmo que às vezes envolva quebrar alguma coisa.

Ajuda-me a ser fiel e a não ver aqueles que ele despreza e que o detestam.

Tudo isso o magoa porque ele percebeu sua vida em mim.

Protege, Senhor, a nossa casa.

Amém!"[16]

Até o último momento, Antoine teve relações com outras mulheres, mas até o último ele ansiava por aquela relação conjugal ideal que era incapaz de viver em coerência. Ele oscilava entre o desejo de aventura e os sentimentos de culpa. Não só em relação à esposa, mas em relação a todas as mulheres, sempre obrigadas a esperar por aquele que escolheu navegar no céu. Em 1998, um pescador encontrou ao largo da Côte d'Azur, no trecho de mar onde o avião de Saint-Exupéry caiu, uma pulseira de prata que, juntamente com os dados de identificação do piloto, tinha gravado o nome "Consuelo". No momento de perigo definitivo, Saint-Exupéry

---

[16] Paul Webster, *op. cit.*, p. 268.

preferiu usar a pulseira com a memória de sua esposa em vez da de ouro que lhe havia sido dada por sua amante Silvia Hamilton.

Uma jangada na qual agarrar

Vale a pena mencionar aqui a descrição de Saint-Exupéry, em 1932, de um acidente aéreo ocorrido na costa de Montevidéu, quando foi convidado a falar a uma audiência de jovens mulheres depois da entrega do *Prix Femina*. Em suma, a história é a seguinte: em maio de 1930, o avião de um dos seus camaradas da *Aeroposta Argentina* caiu no mar devido a um forte nevoeiro. A bordo estavam três tripulantes e dois passageiros. A aeronave não afundou imediatamente, dando tempo a todos de se agarrarem em uma asa. Os náufragos começaram a se despir para tentar nadar até a costa. O único que permaneceu imóvel foi o operador de telégrafo. Um rapaz adorável, espirituoso, animado e otimista. Além disso, um excelente nadador; mas que preferiu sentar-se na asa sem ao menos desamarrar as botas. Os outros tentaram sacudi-lo, mas ele ficou ali e afundou junto com o avião. Mais tarde, no arquivo, foi levado o cartão do telegrafista, usado para avisar a família em caso de acidente. Não havia nada escrito nele: o jovem não tinha relações familiares nem conjugais, era como se vivesse numa ilha deserta. Assim, quando os outros se jogaram na água para tentar chegar à costa, atraídos pela lembrança de uma esposa, de um filho, de uma lareira, aquele homem ficou sem orientação. "Para ele", explicou Saint-Exupéry para sua audiência, "não havia praia real, nem a oeste, nem a leste, nem a norte, nem a sul: ele não sabia para onde nadar".[17]

Precisamos de uma jangada para nos agarrar, algo que dê sentido até a pior existência, uma luz que ilumine a escuridão de nossos dias. Para o cristão é a Palavra de Deus, mas quem não tem fé também pode encontrar o símbolo da salvação em qualquer objeto. Saint-Exupéry percebeu isso quando conheceu uma jovem prostituta em um local remoto da Patagônia, como relatou em 1932 em um artigo no semanário *Marianne*. A menina usava um lindo colar de pérolas no pescoço, que colocava sua vida em perigo naquele ambiente onde, por muito menos, cortava-se a garganta

---

[17] *Documenti*. In: *Manon ballerina*. Milão: Bompiani, 2008, p. 190-197.

para roubar. "Você é maluca por gastar seu dinheiro em pérolas", diz o escritor. "Não!", a mulher responde, "Posso dizer que é por ela que tenho vivido...". Que amor estranho, reflete Saint-Exupéry: arriscar a vida por um colar. Aquela pobre jovem já sacrificou sua própria carne e precisa de um sinal de redenção:

> "Quanto mais o ofício marcava seu rosto, quanto mais cavava suas bochechas, mais a joia se tornava bela. E não era belo transformar um pouco por dia o seu corpo corruptível numa luz, uma luz frágil? E através dela, talvez, redimir o próprio pecado e transformá-lo em um raio igualmente puro.
> [...] Todo o seu frescor, toda a sua doçura passou para uma carne incorruptível."[18]

O diálogo parece ecoar a parábola da pérola preciosa (Mt 13, 45-46); tal como o encontro entre Jesus e o leproso (Mc 1, 40-45) vem à mente quando se lê — no mesmo artigo — a história do pobre doente hanseniano na periferia de uma remota cidade sul-americana. Os habitantes tentaram fazê-lo partir para Buenos Aires, mas nenhum navio o levaria a bordo. Então, construíram-lhe uma cabana com um campo ao redor, e alimentavam-no todos os dias atirando comida por cima da cerca que o separava do mundo. A cabana ficava junto ao oceano e o leproso preferia o som do mar ao da cidade, porque não tinha mais nada a dizer ou a pedir para outros homens. Saint-Exupéry mal conseguia vê-lo, apoiado numa bengala. Ele se virou para as ondas, indiferente àquela presença tão próxima e, no entanto, tão distante. Era como um peixe no aquário, próximo dos outros, mas encerrado num universo diferente, feito de silêncio e fluidez e, portanto, desconhecido. Ambições, ciúmes, honra, já nenhuma emoção humana o abalava. Alcançou "uma paz inumana". Aquele leproso de carne pútrida e mãos sem dedos, vivendo sozinho nas profundezas mais extremas do continente americano, é um mistério impenetrável, o próprio mistério do homem que ninguém ainda conseguiu decifrar completamente.

---

[18] Escales de Patagonie, artigo para *Marianne*, 30 nov. 1932. In: *Œuvres complètes*, *op. cit.*, v. I, p. 312-313.

SOBRE O AUTOR

Antoine de Saint-Exupéry
(Lyon, 29 de junho de 1900 — Mar Tirreno, 31 de julho de 1944)

Vindo de uma família de origem nobre, é o terceiro de cinco filhos. Perdeu o pai quando tinha ainda quatro anos de idade, mas sua infância foi feliz, graças sobretudo à mãe Marie, rica em espírito artístico e religioso. A grande casa de Saint-Maurice-de-Rémens, não muito longe de Lyon, tornou-se um lugar encantado que o escritor costumava mencionar em suas páginas, e no aeródromo de Ambérieu, nas proximidades, ele fez suas primeiras experiências de aviação.

Estudou com os padres jesuítas e maristas, mas sem grandes resultados. Voar era a única coisa que realmente lhe interessava; em 1921 obteve a licença de piloto. Após várias experiências decepcionantes, em 1926 foi contratado pela Companhia Latécoère e empregado na linha Toulouse-Dakar. Tronou-se o gerente da estação em Cap Juby, uma cidade remota na costa do Saara Ocidental, onde experimentou a vida no deserto.

Em 1929, publicou seu primeiro livro, *Correio do Sul*, seguido dois anos depois por *Voo noturno*.

Em 1930, estava em Buenos Aires como diretor da empresa Aéropostale. Foi onde conheceu a salvadorenha Consuelo Suncín, com quem veio a se casar no ano seguinte. Consuelo era sua musa, mas o casamento foi turbulento devido aos seus longos períodos de ausência, seus casos extraconjugais, e frequentações artístico--culturais dela, ligadas ao grupo de surrealistas.

Em 1932, Antoine retornou à França, tentando se dedicar à escrita e ao jornalismo. Patenteou várias invenções aeronáuticas. Em 1935, ele tentou o voo Paris-Saigon, mas caiu no deserto da Líbia. No ano seguinte, já estava na Espanha como enviado especial, para contar a história da guerra civil. Em 1938, tentou a travessia pan-americana de Nova Iorque ao Cabo Horn, mas caiu na Cidade da Guatemala e ficou gravemente ferido. No ano seguinte, publicou *Terra dos homens*, e depois — no início da guerra — se alistou na Força Aérea, tornando-se parte de um esquadrão de reconhecimento. O perigosíssimo ataque a Arras, realizado em maio de 1940, deu-lhe inspiração para escrever o *Piloto de guerra*.

Após a capitulação da França e o estabelecimento do governo de Vichy, ele se exilou voluntariamente em Nova Iorque e tentou convencer os americanos da necessidade de entrar na guerra para deter o avanço nazifascista. Ele não confiava em De Gaulle e, por isso, sofreu incompreensões e solidão. Em abril de 1943, *O Pequeno Príncipe* foi lançado em Nova Iorque. Alguns dias depois, Saint-Exupéry partiu para o norte da África, onde desembarcaram as tropas aliadas. Ele conseguiu se juntar ao seu antigo esquadrão, apesar de não ter mais a idade necessária para pilotar o veloz avião *P-38 Lightning* da Lockheed, disponibilizado aos franceses pela Força Aérea dos EUA. Ele sofreu vários acidentes e, em 31 de julho de 1944, foi abatido por um caça alemão na Côte d'Azur, enquanto retornava à base de Borgo, na Córsega, ao final de uma missão de reconhecimento nos céus do sudoeste da França. Em 2004, um pescador encontrou acidentalmente o avião, mas o corpo de Saint-Exupéry nunca foi encontrado.

Após sua morte, em 1948, surge *Cidadela*, uma espécie de diário póstumo que contém suas reflexões existenciais e filosóficas desenvolvidas ao longo de muitos anos.

Enzo Romeo é editor-chefe da editoria internacional e vaticanista do Tg2. Autor de inúmeros ensaios.

Direção editorial
Daniele Cajueiro

Editor responsável
Hugo Langone

Produção editorial
Adriana Torres
Laiane Flores
Adriano Barros

Revisão de tradução
Maria Letícia Lima

Revisão
Daiane Cardoso
Michele Sudoh
Vanessa Dias

Projeto gráfico, capa e diagramação
Larissa Fernandez
Leticia Fernandez

Este livro foi impresso em 2022
para a Petra.